일단은
첫인상

일단은 첫인상

김경호 지음

팬덤북스

CONTENTS

PART 1 이미지 메이킹, 1단은 첫인상

PART 2 이미지 메이킹, 2단은 소통

이미지가 경쟁력이다!

수많은 사람들과 마주하다 보면 첫인상부터 호감이 가는 사람이 있는가 하면 왠지 모르게 거부감을 주는 사람도 있다. 이미지로 전달되는 가치 기준의 차이이다. 중요한 일을 도모해야 하는 만남이라면 긴장감이 수반된다. 대인 관계의 홍수 속에서 모든 사람들에게 호감과 만족을 주기란 결코 쉽지 않다. 그렇다고 등한시할 수만은 없는 것이 자신의 이미지이다.

개인의 이미지는 내적 이미지(본질)와 외적 이미지(현상), 사회적 이미지(관계)로 구분된다.

내적 이미지internal image란 심리적, 정신적, 정서적인 특성 등이 고유하고 독특하게 형성되어 있는 상태로 심성, 생각, 습관, 욕구, 감정 등의 유기적인 결합체를 의미한다. 따라서 한 사람의 이미지를 구축하고 형성해 내는 근간이며 본질이 된다.

외적 이미지external image란 외부로 나타나는 종합적인 느낌이다. 내적 이미지가 외모, 언행, 자세, 표정 등의 꾸밈 행동을 통하여 외부로 표현되는 현상이다. 사람들은 이 현상을 보고 한 사람의 본질을 들여다보며 앞으로의 관계를 예측한다.

사회적 이미지social image란 상황에 따라 표현되고 적용되는 관계를 의미한다. 관계가 좋기 위해서는 현상이 좋아야 하고, 현상이 좋기 위해서는 본질이 좋아야 한다.

이미지 메이킹이란 개인이 추구하는 목표를 이루기 위해 자신의 이미지를 통합적으로 관리하는 행위이자 자기 향상을 위한 노력을 통칭한다. 따지고 보면 살아 있는 모든 생명체에는 나름대로의 독특한 이미지가 존재한다. 뿐만 아니라 생존을 위해 이미지 메이킹하는 노하우가 다양하다. 물고기의 등이 푸른 이유는 물 위에서 날아다니는 천적에게 노출되지 않기 위해서이다. 배가 하얀 이유는 물 아래 있는 적들의 눈을 피하기 위함이다. 만물의 영장인 인간에게도 이미지는 곧 존재 이유이고 경쟁력이다.

이미지 메이킹은 다음의 세 가지 차원에서 언급될 수 있다.

첫째, 참자아를 발견하는 일이다. 이름 말고 자기를 제대로 설명하는 말은 무엇인가? 기업체 강의장에서 가끔 하는 질문이다. 의외로 이름 빼놓고 자신이 누구라고 확실하게 말하는 사람이 없다. '나는 누구인가?'라는 스스로의 질문에 당황한다. 종이에 쓰고 지우는 이름 말고는 자신에 대해 똑 부러지게 설명할 내용이 없는 것이다.

사람들은 자신의 참자아를 제대로 인식하지 못하고 있다. 그래서 불필요한 열등감에 빠지거나 자신을 무가치한 존재로 전락시키고 만다. 개인의 참자아는 개성과 가치를 가지고 있어서 우월하다거나 열등하다고 평가할 수 없다. 자신의 참자아를 제대로 인식하지 못하면 왜곡된 이미지를 품는다. 더구나 자신에 대한 부정적인 이미지를 가지면 현재 처한 환경에 부적응하고 마는 악순환을 부른다. 참자아를 발견하는 일은 대인 관계에서 가장 우선되어야 하는 요소이다.

둘째, 주관적 자아와 객관적 자아 간에 인식의 차이를 제거하는 일이다. 이 차이는 자신의 참자아를 제대로 파악하지 못했거나 타인의 오해와 편견에서 비롯되는 현상이다. 자신의 진가를 오해 없이 전달하는 데 무리가 따르고, 서로의 인식 차이가 깊어지는 결과를 초래한다. 반드시 제거해야만 한다.

셋째, 현실적 자아 상태를 이상적 자아 상태로 끌어올리는 일이다. 자신의 신분과 역할에 어울리는 최상의 이미지를 만들어 최적화된 가치로 브랜드화해야 한다. 그렇지 못하면 자신의 가치 제고와 목표 달성에 무리가 따른다.

이미지 메이킹이 중요한 이유는 개인의 인간관계와 밀접한 관련이 있기 때문이다. 더불어 살아가는 사회 구조 속에서 바람직한 인간관계는 개인의 행복과 삶의 질을 향상시키는 데 직접 기여한다. 사회 구성원에게 요구되는 능력 중 하나이며, 곧바로 사회인으로서의 자기 성취나 생산성으로 연결된다. 여러 가지 제한적인 상황을 고려하면 짧은 시간 내에 가시적 성과를 얻는 효과적인 요소이기도 하다. 개인에게 이미지 메이킹이 필요한 이유이다. 특히 개인의 이미지가 기업과 국가의 이미지로 연결될 확률이 매우 크다는 것에 주목해야 한다.

인생은 선택이다. 선택하는 권리는 자신에게 있으나, 그 결과는 인생을 결정한다. 개인의 이미지도 선택이다. 지금 보이는 자신의 이미지는 과거에 선택한 결과에 불과하다. 그렇다면 현재의 선택이 미래의 내 모습을 얼마든지 바꿀 수 있다.

《일단은 첫인상》은 매주 월요일 아침 라디오로 300회 이상 방송된 내용을 선별하여 간추린 책이다. 사회생활과 대인 관계 속에서 이미지 메이킹을 통한 매력적인 삶을 영위하고자 하는 분들에게 괜찮은 지침서가 될 것이다. 아무쪼록 성공과 행복을 추구하는 독자 여러분의 방향 선택에 이정표가 되기를 기대해 본다.

2017년 초여름,

김경호

PART 1

이미지 메이킹,
1단은 첫인상

이미지란 무엇인가?

　사람들은 누구나 다른 사람에게 좋은 이미지로 비쳐지기를 원하지만 방법을 모르거나 자기표현이 서툴러서 손해를 보는 경우가 많다. 사람들에게 끌리는 이미지로 호감을 주는 일은 성공으로 가기 위한 첫 관문이다. 그러기 위해서는 이미지에 대한 이해가 필요하다.

　이미지란 무엇이고, 어떠한 의미가 있는가? 세상에 존재하는 모든 생물에게는 독특하고 고유하며 특유한 자기만의 이미지가 있다. 이미지란 감각을 통해서 인지되는 종합적인 느낌이며 정보 자료의 구성물이다. 그러한 의미에서 이미지는 다음과 같은 목적을 품고 있다.

　첫째, 이미지는 생존 수단이다. 바닷속 물고기가 등이 푸르고 배가 하얀 이유는 물 위에서 노리는 새들과 물 아래 있는 천적의 눈에 띄지 않기 위함이라고 한다. 물고기뿐만 아니라 살아 있는 모든 생물은 자신을 보호하기 위한 생존 수단, 즉 형체와 본능이 세팅되어 있다. 그것을 유감없이 발휘해야만 생존할 수 있다.

둘째, 이미지는 경쟁력이다. 한 사람에게 있어 이미지는 자신뿐만 아니라 다른 사람에게 각인되고 보관되는 총체적인 정보 자료이다. 따라서 다른 사람에게 각인되기 전에 자신의 신분과 역할에 맞게 만들어 놓고 다른 사람이 인정하도록 표현하고 설득할 필요가 있다. 그 필요성이 무시되면 무한 경쟁 사회에서의 경쟁력이 왜곡되거나 상실된다.

셋째, 이미지는 성공과 행복의 바로미터이다. 한 개인의 이미지는 자신의 선택에 의해 만들어지고, 보는 사람들의 평가 기준에 결정적인 단서를 제공한다. 더불어 살아가는 공동체 속에서 개인의 이미지는 대인 관계 형성에 지대한 영향을 미친다. 개인의 성공과 행복이 관계를 통해서 나타나는 궁극적인 가치라고 한다면 이미지는 사람과 사람 사이를 이어 주는 근간이며 관계를 계량하는 도구로 작용한다.

넷째, 이미지는 방향이다. 열심히 달려가기보다 중요한 것은 방향을 제대로 설정하기이다. 얼마나 빠르게 가는가보다 중요한 것이 어디로 가는가이다. 이미지는 한 개인의 인생 목표와 목적이 적나라하게 표현되는 자료이기 때문에 훌륭하고 만족스러운 이미지로 방향이 설정되어야 한다. 그렇지 못하다면 자신의 신분과 역할에 최적인 모습으로 재설정해야만 한다.

인생은 선택이라는 말이 있다. 순간마다 사람들은 무엇인가를 선택한다. 선택하는 권리는 자신에게 있으나 결과는 인생을 결정한다. 그러한 맥락에서 보면 이미지도 선택이다. 지금 표현되고 있는 이미지는 과거에 자신이 선택한 것들의 결과물이다. 마치 취업 준비생이 면접관 앞에서 보이는 모습들은 이미 과거에 만들어진 모습과 실력이 그 순간에 보이는 것과 다름이 없다. 지금 여기의 모습이 과거에 선택한 이미지라면 이후의 모습은 지금부터의 선택에 따라 얼마든지 달라질 수 있다. 개인의 이미지는 고착되는 것이 아니라, 선택과 의지에 따라 변화가 가능한 것이다.

이미지 메이킹의
정의와 개념

　　이미지 메이킹 하면 단순히 겉모양만을 가꾸는 행위라고 여기는 경우가 많다. 숲을 보지 않고 나뭇가지만 보는 식의 오해이다. 제목에서 풍겨 나는 대로 이미지를 만들어 내는 의도적인 행위일 것이라는 편견에서 나오는 말이다. 그러한 오해는 이미지 메이킹의 정의와 개념을 확인하면 간결하게 이해할 수 있다.

　　이미지 메이킹이란 개인이 추구하는 목표를 이루기 위해 자기 이미지를 통합적으로 관리하는 행위이자, 자기 향상을 위한 개인의 노력을 총칭하는 것이다. 여기서 통합이란 세 가지 이미지가 포함되어 있다. 내적 이미지인 본질과 외적 이미지인 현상, 사회적 이미지인 관계를 망라한 것이다.

　　이미지 메이킹에 대한 정의는 직장인뿐만 아니라 대인 관계를 위해 이미지 메이킹을 필요로 하는 모든 사람들의 목표이자 조건이어서 확실하게 이해할 필요가 있다. 이미지 메이킹에는 다음의 세 가지 개념이 존재한다.

첫째, 이미지 메이킹은 참자아를 발견하는 일이다. '나는 누구인가?'라는 질문에 대한 명확한 개념을 정립하고 정확하게 설명을 할 수 있어야 한다는 뜻이다. 기업체 교육장에서 '당신은 누구십니까?'라고 질문하면 자신의 이름이나 현직 등을 대는 경우가 허다하다. 거의가 지나간 과거에 결정되어 있는 현상일 뿐이다.

글씨로 써진 이름 세 글자가 진정한 나의 실체가 될 수 없다. 내가 어떤 사람이고, 어떤 모습으로 어떤 일을 하고 있으며, 어떻게 살아갈 사람인지를 제대로 설명해야 한다. 과거의 나만이 아니라 현재의 나, 미래의 나에 대해 종합적으로 설명할 수 있어야 비로소 자신의 비전을 성공적으로 이루어 간다. 참자아를 발견하지 못하면 자신을 부정적인 이미지로 품게 되고, 미래를 향한 꿈과 비전이 희박해진다. 그러면 사회생활 속에서 부적응을 부르는 악순환이 발생한다.

둘째, 이미지 메이킹은 주관적 자아상과 객관적 자아상의 차이를 제거하는 일이다. 만약 내가 생각하고 있는 모습대로 다른 사람들이 느끼지 못한다면 어떤 관계로 발전하게 될까? 나는 성실한데 왜 남들은 불성실하게 볼까? 나는 친절하게 대했는데 다른 사람들은 왜 불친절하다고 할까? 이렇듯 다른 사람들이 나를 엉뚱하게 잘못 알고 있는 이유는 인식의 차이 때문이다. 인식의 차이는 오해와 편견을 부르고 관계의 악화를 초래한다. 인식의 차이를 제거하는 것은 자신의 몫이다. 자신의 진가를 오해 없이 연출하는 일이 이미지 메이킹의 두 번째 개념이다.

셋째, 이미지 메이킹은 이상적 자아상을 구현하는 일이다. 비전 설정을 말한다. 자신이 되고자 하는 모습을 설정해 놓은 상태에서 현재의 모습을 반추해 보면 현실적인 차이가 나타난다. 이 차이를 사람들은 오해라고 여기거나, 이로 인해 남을 원망하는 마음을 품기가 쉽다. 자신의 모습이 제대로 전달되지 않는 것은 본인의 책임이고 임무이다. 자신이 차이를 메꿔 나가지 않으면 이미지 메이킹은 절대로 완성되지 않는다.

무한 경쟁 사회에서 생존하려면 자기 안팎의 모습을 신분과 역할에 잘 어울리는 최상의 이미지로 끌어올려야 한다. 그렇지 못하면 인간관계에서 오해가 발생하고, 사회생활에 무리가 따른다. 따라서 이미지 메이킹은 고객 감동과 목표 달성의 원동력이 되며, 자신의 미래에 대한 관심과 적용이 절대적으로 필요한 실용 학문인 것이다.

이미지 브레이킹은
무엇인가?

　　　　　여행을 가려면 방향을 잡는 일이 중요하고, 여성들이 메이크업을 하기 전에는 깨끗이 세안을 하는 일이 중요하다. 마찬가지로 이미지를 잘 만들려면 먼저 자기 이미지를 깨는 일을 잘해야 한다. 이미지 메이킹보다 우선인 이미지 브레이킹 방법은 무엇일까?

　이미지 브레이킹image breaking이란 말 그대로 이미지를 깬다는 뜻이다. 깨지 않은 채 무언가를 자꾸만 만들어 덧붙이기 때문에 시간과 정성과 큰돈을 투자해도 이미지가 별로 바뀌지 않는 것이다. 아무리 마음이 급해도 바늘허리에 실을 묶을 수 없듯이 자신에게 이미 굳어져 있는 이미지를 발견하고 부수고 깨는 일이 우선되어야만 한다. 이미지 브레이킹을 하려면 대체적으로 다음의 네 가지를 깨야만 한다.

첫째, 고정 관념을 깨야 한다. 핏줄이 굳어지면 동맥 경화가 일어나고, 생각이 굳어지면 소통 경화가 일어나 결국에는 관계 경화가 나타난다. 세상에서 제일 어리석은 생각은 '이것이 최상이다'라는 생각이다. '항상 최상의 것은 또 있다'라는 생각이 옳다. 그래야만 언제나 더 좋은 이미지를 만들어 갈 수가 있다.

고정 관념은 고집을 낳는다. 언젠가 늘 사자머리를 하고 다니는 여성이 이미지 컨설팅을 요청한 적이 있다. 헤어스타일이 너무 커서 멀리서 보면 마치 나무 한 그루가 걸어 다니는 느낌이 트레이드마크처럼 굳어져 있었다. 도움을 요청하며 어디를 고쳐야 하냐고 물어 온 지가 삼 년도 넘었다. 그럴 때마다 똑같은 조언을 해주고 있다. '이보다 더 좋을 수는 없다', '더는 안 된다', '내 주제에 뭘 한다고 바뀌겠나?' 같은 고정 관념을 깨지 않으면 이미지 메이킹은 어림도 없는 소리가 된다. 고정 관념은 깨라고 있는 것이다. 계란과 고정 관념은 아무리 깨도 아프지 않다.

둘째, 굳은 표정을 깨야 한다. 콘크리트처럼 굳어 있는 얼굴 표정으로는 어떤 화장품도 소용이 없고, 아무리 멋진 명품도 전혀 도움이 되질 않는다. 얼굴 표정은 다른 사람에게 보내는 하나의 메시지이다. 문제는 자신의 표정은 좀처럼 확인하기가 어렵다는 데 있다.

자신의 생각과 기분 상태가 그대로 얼굴 표정에 나타난다는 믿음도 근거가 미약하다. 자신이 순간순간 의식하면서 의도적으로 만들어 놓은 표정은 조작된 표정일 가능성이 많다. 그보다 다른 사람들이 평상시에 바라보고 느끼는 표정이 진짜 나의 얼굴 표정이다. 신발장 앞에 거울을 달아 놓고 집을 나설 때마다 얼굴 표정을 점검하라. 들어오면서도 자신의 얼굴 표정을 확인하는 훈련이 필요하다.

셋째, 말투를 깨야 한다. 퉁명스럽고 거친 말투, 불친절하고 짜증내는 말투, 메마르고 사무적인 말투를 깨 버려야 한다. 제아무리 첫인상이 좋고 생김새가 매력적이라고 해도 말투가 비호감이면 부정적인 느낌을 준다. '말투'를 깨면 '말씨'가 나온다. 상냥하고, 부드럽고, 친절하고, 정겨운 말씨를 심으면 관계 회복이라는 열매가 열린다.

넷째, 나쁜 태도를 깨야 한다. 태도는 다른 사람의 감정을 쇳가루처럼 끌어당기는 자석과 같은 역할을 한다. 불성실한 태도, 거만한 태도, 성의 없는 태도, 건방진 태도를 깨면 만나는 모든 사람들의 마음을 끌어당기게 된다. 생각을 깨면 변화가 나오고, 표정을 깨면 웃음이 나오고, 말투를 깨면 말씨가 나오고, 태도를 깨면 사람들이 다가온다.

이미지 코칭은 무엇인가?

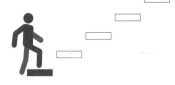

               요즘 들어 코칭coaching이란 말이 다양하게 사용되고 있다. 코칭의 정의는 '발전하고자 하는 의지가 있는 개인의 잠재 능력을 최대한 개발해서 스스로 목표를 설정하고 행동하게 하여 목적을 달성하도록 도와주는 행위'이다. 한마디로 말하자면 스스로 하도록 도와주는 것이다. 그렇다면 나는 누구에게 어떠한 도움을 받고 있는가?

   코칭을 이해하려면 먼저 코치라는 말부터 알아야 한다. 코치란 '현재의 어려움을 스스로 깨닫고 극복해 나아가는 방법을 찾도록 도와주는 사람'이다. 현재 사용되는 코치라는 말은 헝가리에서 유래되었다고 한다. 요즘의 택시처럼 '여러 사람을 태워서 목적지까지 데려다주는 마차'라는 어원을 가지고 있다. 그 후 대학생들에게 노 젓는 기술을 개인 지도하는 사람을 가리키는 스포츠 용어로 사용되면서부터 선수의 성적 향상을 돕는 사람이라고 알려졌다. 최근에는 스포츠 분야만이 아니라 음악이나 미술 같은 분야로 확대되었다.

코칭의 원리는 경영에 적용되면서 생산성을 높이고 구성원의 성장을 돕는 도구로 사용되기도 한다. 코칭의 목적은 세 가지의 기본 전제를 가진다.

첫째, 인간은 무한한 잠재력을 가지고 있다는 것이다. 바람직한 동기를 부여하면 지금 수준보다 삶의 질을 향상시킬 수 있다. 그 발전 가능성에 도전하도록 적절한 도움을 주어야 한다.

둘째, 문제에 대한 해답은 그 사람이 가지고 있다는 것이다. 도와주려는 사람이 아무리 학식과 경험이 풍부하다고 할지라도 당사자의 삶의 목적과 일치하는 경험을 할 수는 없다. 적합한 해답을 찾아줄 수 없는 것이다. 스스로 자신의 문제점을 찾도록 도와주어야 한다.

셋째, 해답을 찾기 위해서는 파트너가 필요하다는 것이다. 아이가 길을 가다가 넘어지면 엄마가 바로 일으켜 세우지 않고 스스로 일어날 때까지 옆에서 격려하고 응원하는 모습을 보곤 한다. 코칭도 이와 같은 원리이다. 개인에게 동기를 부여해서 스스로 문제를 발견하고 해결하도록 돕는 것을 목적으로 한다.

그러면 이미지 코칭이란 무엇인가? 이미지 코칭이란 개인이 추구하는 목표를 이루어 나가도록 개인의 본질인 '내적 이미지'와 외부로 표현되는 '외적 이미지', 대인 관계에서 형성되는 '사회적 이미지'에 대한 문제점을 스스로 분석하고 개선하게 도와주는 역할을 의미한다.

이미지 메이킹은 개인이 자신의 신분과 역할에 따라 통합적인 이미지를 바람직하게 만들어 가는 것이다. 참자기를 발견하고, 주관적 자아상과 객관적 자아상의 차이를 제거하고, 자신의 비전에 합치하는 이상적 자아상을 구현함으로써 스스로를 변화시키는 일이다. 이미지 메이킹을 객관적이고 과학적인 방법으로 분석하여 해결 방법을 제시하는 것을 이미지 컨설팅이라고 한다.

이미지 컨설팅과 이미지 코칭은 접근 방법이 다르다. 이미지 컨설팅은 개인이 추구하는 변화의 목표를 분석하고, 목적에 맞는 최상의 이미지를 제시하며, 목적대로 변화를 완성하기 위해 직접 동행하며 연출하고 표현해 주는 형식으로써 지시적인 성격을 가지고 있다. 한편 이미지 코칭은 개인의 이미지를 스스로 바꾸기 위해 문제점을 찾을 수 있도록 동기를 부여하고, 최상의 이미지를 구현해 나가도록 옆에서 돕는 비지시적인 역할을 의미한다.

이미지 메이킹을 통한
3가지 변화

작심삼일이란 말이 있다. 결심한 마음이 사흘을 가지 못하고 곧 느슨하게 풀어지기 쉽다는 뜻이다. 그만큼 자신을 변화시키기가 어렵다. 이미지 메이킹은 작심삼일의 굴레에서 벗어나기 어려운 본질과 현상과 관계를 목적에 따라 신속하게 변화시킨다. 자신의 총체적인 이미지를 변화시키는 노하우는 무엇일까?

사람들은 늘 자기 변화를 위한 방법들을 찾는다. 많은 책에서도 자신을 바꾸는 방법들을 소개한다. 오마에 겐이치는 사람을 바꾸는 방법을 세 가지로 강조한다. 첫째, 시간을 다르게 사용하라. 둘째, 사는 곳을 바꿔라. 셋째, 새로운 사람을 사귀라. 좋은 지적이라 여겨진다.

그의 지적을 자세히 들여다보면 세 가지 모두 주변 상황이나 환경을 바꾸는 방법이다. 자신의 본질은 놔두고 주변을 바꾸는 것은 자기 변화를 위한 자신감을 높이는 정도이거나 변죽을 울리는 정도이기는 해도 진정한 자기 변화라고는 할 수 없다. 이미지 메이킹은 주변과 환경을 바꾸는 것이 아니라 자신을 변화시키는 과정이다.

많은 사람들은 자기 변화를 위해서 방향을 바꾸는 턴을 시도한다. 턴에는 여러 가지 종류가 있다. 180도로 방향을 바꾸는 유턴도 있고, 90도로 좌회전을 하기 위한 피턴도 있다. 또한 좌우로 몸을 틀기 위한 점프턴도 있고, 원래의 자리로 돌아가는 리턴도 있다. 역시나 자신의 본질을 바꾸기보다는 주변 환경을 바꾸는 방법이다.

이미지 메이킹은 환경을 바꾸는 턴이 아니다. 자신을 변화시키기 위해 적극적이고 근본적으로 직면하는 체인지이다. 이미지 메이킹을 하면 다음 세 가지의 변화가 일어난다.

첫째, 정체감의 변화가 일어난다. '나는 누구인가?'라는 성찰, '내가 생각하는 나'와 '다른 사람이 보고 느끼는 나'에 대한 확인 등을 통해 내적 이미지의 변화를 체험한다. 다른 말로는 '참자아 발견'이라고 표현한다. 참자아 발견은 이미지 메이킹의 첫 번째 개념이기도 하다. 자신의 내적 본질에 대한 확인이자 변화 추구를 의미한다.

둘째, 현상의 변화가 나타난다. 잘 익은 과일에서 단내가 풍기듯이 내적 이미지의 성숙한 품격에서 우러나오는 됨됨이가 말투나 얼굴 표정, 자세와 태도, 표현 등의 가꿈 행동으로 표현되기 때문이다. 자신의 신분과 역할에 알맞은 외모 경영을 통해 외적 이미지가 변화하여 대인 관계의 완숙을 추구하게 된다.

셋째, 관계의 변화가 나타난다. 잘 가꾸어진 본질은 겉으로 드러나는 현상을 통해 다른 사람들과의 관계 형성에 직접적인 영향을 준다. 대인 관계가 좋으려면 관계 행위 이전에 외적 이미지인 현상이 전제되어야 한다. 외적 이미지가 좋으려면 겉치레만이 아니라 내적인 본질의 변화가 전제되어야 한다는 이미지 메이킹의 원리가 적용되는 것이다.

일찍이 윌리엄 제임스가 제시하여 많은 사람들의 자기 변화를 이끌어 온 명언이 있다. "생각이 바뀌면 행동이 바뀌고, 행동이 바뀌면 습관이 바뀌고, 습관이 바뀌면 인격이 바뀌고, 인격이 바뀌면 인생이 바뀐다!"는 유명한 말이다. 누구나 동감이 될 것이다.

이미지 메이킹의 개념을 자기 변화의 진행 과정으로 비추어 보면 유사한 구호가 등장하게 된다. "생각이 바뀌면 표정이 바뀌고, 표정이 바뀌면 말투가 바뀌고, 말투가 바뀌면 태도가 바뀌고, 태도가 바뀌면 평가가 바뀌고, 평가가 바뀌면 인생이 바뀐다!" 이미지 메이킹은 개인의 삶을 가장 바람직하게 변화시키는 실용 인성 학문이라고 정의할 수도 있다.

품격이 경쟁력이다

요즘 앞서가는 기업들마다 임직원들의 품격을 높이는 일에 경쟁하고 있다. 어떤 사람을 만나면 바르게 정돈된 품격이 느껴지는 반면, 어떤 사람을 만나면 저속하거나 천박함을 느끼는 경우도 있다. 이유는 무엇일까? 사람에게 있어 품격이란 무엇일까?

품격은 그 사람의 이미지이다. 품격의 사전적인 정의는 물건 품品 자에, 바로잡을 격格 자를 써서 '사물의 좋고 나쁨 정도를 나타내는 말'이다. 일반적인 의미로는 '사람 된 바탕과 성품이나 품위'를 이른다. 품격은 개인의 됨됨이를 나타내는 바로미터라고 하겠다. 개인의 독특하고 고유하고 특유한 가치를 이미지라고 한다. 사람의 품격은 다른 말로 퍼스널 이미지personal image라고 할 수 있다.

품격을 결정짓는 3가지 요소가 있다. 성품, 볼품, 인품이다. 성품은 본질, 심성, 생각, 감정같이 개인의 내면에 들어 있는 내적 이미지를 말한다. 볼품은 외모, 언행, 자세, 캐릭터같이 겉으로 드러나는 외적 이미지를 말한다. 인품은 호감도, 매력도라고 할 사회적 이미지를 말하는데, 상대방과의 관계를 만들고 유지해 가는 능력이다.

품격은 두 가지 종류로 나눌 수 있다. 하나는 주관적인 품격이다. 스스로 학습되거나 습관화되어 있는 자신에 대한 생각이나 느낌이다. 다른 하나는 객관적인 품격이다. 남들이 나를 보고 느끼는 종합적인 느낌이다. 자기가 알고 있는 주관적인 품격과 남들이 보고 느끼는 객관적인 품격에 차이가 발생하면 대인 관계에 무리가 따르거나 꼬이고 만다. 그 차이를 제거하는 과정이 이미지 메이킹이다.

최근 우리 사회가 점점 더 인성과 품격을 중시하는 이유는 무엇인가? 생존과 성장을 위해서다. 개인이 성장하고 성숙하려면 인성과 품격이 제고되어야 한다. 품격이 높은 사람이 고품격 문화와 고품격 서비스를 생산한다. 그럴 때 비로소 사회 공동체의 영향력이 확장되는 것이다.

품격은 개인의 변화가 전제되어야 한다. 개인의 품격이 바뀌어야 사회의 품격도 바뀌고, 사회의 품격이 바뀌어야 국가의 품격도 바뀐다. 국민 한 사람의 품격이 결국 국가 경쟁력으로 이어진다. 개인의 가치를 높이는 일이 성장 에너지를 축적하는 '품'이라면, 관계 문화를 향상시키는 일은 사회 공동체의 경쟁력을 높이는 '격'이다. 개인과 사회 공동체 모두의 행복 욕구를 충족시킬 발전 동력이 바로 품격이다.

　품격을 높이면 대체 무엇이 달라지고 어떤 효과를 얻을까? '자동차의 품격은 디자인이 높이고, 식탁의 품격은 와인이 결정한다'는 서양 속담이 있다. 우리가 쓰는 군계일학이란 말도 있다. 치열한 경쟁 사회에서 개인과 공동체의 품격을 높이는 일은 닭의 무리 가운데 한 마리 학처럼 차별화된 효과를 얻는 가장 쉬운 방법이다. 품격을 높이는 이미지 메이킹은 관계 능력을 강화시키는 사회 경쟁력이 된다.

이미지는
향기를 풍긴다

인간에게는 인간임을 말하는 인격이 있다. 인격의 가치 척도를 규정하는 것을 품격이라고 한다. 사람의 품격은 세 가지로 구분할 수 있다. 인격의 성질을 말하는 것이 성품이고, 인격이 우러나는 현상이 볼품이고, 인격의 품질을 말하는 것이 인품이다.

길거리에서 싸구려 물건을 사면 검은색 비닐봉지나 신문지에 싸준다. 명품이나 보석을 사면 고급 포장지로 예쁘게 포장을 해준다. 좋아하는 차를 국그릇에 담아 마시지 않는 이유나 명품을 신문지에 둘둘 말아서 주지 않는 이유는 값의 차이 때문이다. 값은 상품의 가치가 결정한다. 좋은 상품일수록 포장이 좋아야 하는 이유는 내면의 가치를 보호하고 외부로 제대로 표현하기 위함이다.

반대로 값어치가 없는 물건을 고급 포장지에 담아 준다면 어떠할까? 기대감을 가지고 포장을 열었는데 쓰레기가 들어 있다면 황당할 것이다. 내용물은 없이 겉치레만 요란하다면 사기와 같다.

사람의 훌륭한 품격은 꽃향기와 같다. 만나는 사람들의 기분을 상쾌하고 행복하게 한다. 꽃향기는 제각기 퍼져 나가는 거리가 있다. $40km$를 날아가는 것을 백리향이라 하고, $400km$를 날아가는 것은 천리향이라고 하며, $4,000km$를 날아가는 것을 만리향이라고 표현한다. 그 정도로 멀리 퍼져 나간다는 뜻이다.

사람의 품격도 주변으로 널리 퍼져 나가는 특성이 있어 백리향, 천리향, 만리향 세 가지로 구분된다. 인간의 외적 이미지를 볼품, 내적 이미지를 성품, 관계적 이미지를 인품으로 표현한다면 볼품은 백리향이고, 성품은 천리향이고, 인품은 만리향이다.

볼품을 백리향이라 하는 이유가 있다. 일반적으로 직장인의 하루 행동반경이 대략 $40km$ 정도라고 한다. 하루 동안 만나는 사람들에게 보이는 첫인상이나 생김새, 체형과 용모, 얼굴과 표정, 패션 코디와 메이크업 등 이미지의 영향력이 가지는 반경이 대략 그 정도일 것이다.

성품은 한 사람의 내적 이미지이다. 가슴속에 자리 잡은 본질이고, 생각이나 마음가짐, 능력과 자신감, 의지와 동기 부여 등 내면에서 사람의 행동을 조종하는 동력이 된다. 외적인 이미지보다 영향력이 크고 중요하다는 뜻에서 천리향이라고 표현한 것이다.

인품을 만리향이라 표현한 이유는 조화로운 비밀이 숨겨져 있기 때문이다. 인품은 관계적인 이미지이며, 대인 관계의 실제 상황이다. 한 사람의 자세와 태도라든지, 소통 능력과 친화력, 매력도와 리더십 등 다른 사람과의 관계를 형성하는 데 직접적인 영향을 미친다. 만나 보지 않고도 인품은 사람들의 입에서 입으로 꼬리를 물고 만 리 정도는 퍼져 나간다.

꽃에서는 늘 향내가 나는데 사람들은 어떠할까? 요즘 우리 주변에는 향내가 아닌 악취가 나는 사람들이 너무 많다. 꽃보다 사람이 아름답다는 말은 희망 사항일 뿐인가? 개인의 품격은 향기와 같이 퍼져 나가서 자신의 존재와 가치를 알리고 각인시킨다. 나를 만나는 사람들에게 어떤 향기를 풍기고 있는지 점검할 필요가 있겠다.

첫인상으로 **승부**하라

      아침에 눈을 뜨고 하루가 시작되면서 우리는 많은 사람들을 만난다. 사람들은 일생 동안 평균적으로 약 17,000번 정도의 만남을 가진다고 한다. 무수히 만나는 사람들에게 나의 첫인상은 과연 어떻게 비쳐질까? 잘된 만남에서 시작되는 관계는 성공으로 가기 쉬우나, 잘못된 만남은 실패로 결정 날 때가 많다. 만남의 시작은 첫인상이 주도한다. 첫인상이 좋은 사람은 성공 가도를 달리기 쉽다. 첫인상에 승부를 걸어 보라.

      첫인상이 중요한 이유는 무엇일까? 자칫 잘못 심어 주면 쉽게 바뀌지 않는 것이 첫인상이다. 소개팅을 나간다던 동료가 하루 종일 흥얼거린다.

      "내 스타일이 아니야. 첫인상이 별로라구."

      이것이 만남의 끝이었다. 열 길 물속은 알아도 한 길 사람 속은 모른다. 몇 초 만에 판단되는 첫인상 때문에 더 이상은 알아볼 필요도 없다는 동료의 말이 어이없었다. 하지만 현실이다. 첫인상은 관계의 성공과 실패를 가늠하는 중요한 요인이다.

심리학에 초두 효과Primacy Effect라는 용어가 있다. 초두 효과란 먼저 들어온 정보가 나중에 들어온 정보보다 전반적인 인상 형성에 더욱 강력한 영향을 미치는 현상을 뜻한다. 인상이 좋으면 성격이 좋아 보이고 신뢰가 간다고 생각한다. 반면 인상이 나쁘면 마음조차 열지 않아 그를 파악할 기회를 상실하고 만다.

사람의 첫인상은 2~3초 안에 결정되지만, 첫인상을 바꾸는 데 걸리는 시간은 40시간이라고 한다. 40시간조차도 실패한 첫인상을 바꿔 줄 만큼 긍정적인 만남만으로 이루어져야 가능하다니, 사실상 첫인상을 바꾸기란 참 힘든 문제이다.

세계적인 심리학자 콘라트 로렌츠의 '새끼 오리 실험'은 관계 형성에 있어 첫인상이 얼마만큼 중요한가를 잘 보여 준다. 새끼 오리는 부화하는 순간부터 8~12시간 정도 함께 있어 준 존재를 뒤따라 다닌다고 한다. 처음 보고 함께 있어 준 대상이 어미 오리로 각인된다는 것이다. 인간뿐 아니라 동물조차도 대상과의 신뢰감을 형성하는 시기가 첫 만남이다. 첫 만남의 시간은 관계 형성에서 중요한 변수가 된다.

누구나 나의 첫인상은 어떨지 궁금할 것이다. 나의 첫인상을 객관적으로 느낄 간단한 상황이 있다. 그 상황에 자신을 노출시켜 간단히 점검해 보는 것도 재미있는 방법이다. 소개팅이나 미팅에 갔다가 별반 이야기도 나누지 않았는데 썰렁한 분위기가 된 적이 있는가? 남들은 조용히 지나가는 골목길에서 온 동네 개가 짖어 대는 경험이 있는가? 엄마 품에 안겨 방긋거리는 아기를 쳐다봤는데 갑자기 운 적이 있는가? 이런 현상은 자신의 첫인상에 문제가 있다는 신호이다.

사람은 극히 시각적이다. 만남에서 첫 3초는 사진으로, 첫 30초는 동영상으로 상대를 확인한다고 한다. 3초 만에 뇌리 속에 사진을 찍어 인식을 하고 30초 동안 태도, 표정, 말투 등을 통해 최종 결론을 내린다. 그럼에도 스스로 '나는 친절해', '나는 성실해', '나는 괜찮은 사람이야!'라고 외치고만 있겠는가?

첫인상을 점검해 보자. 주관적 자아상을 타인에게 보일 만한 첫인상을 만들어 나가자. 이것이 이미지 메이킹의 첫걸음이다.

첫인상은
어떻게 **전달**되는가?

첫인상은 대개 아래의 네 가지 특징을 가지고 전달된다.

첫째, 일회성이다. 상대방에게 나를 보여 줄 첫인상의 기회는 단 한 번뿐이다. 단 한 번에 처음 전달되는 정보는 가장 깊게 보존되는 특징을 갖는다.

둘째, 신속성이다. 나의 첫인상은 상대방에게 신속하게 인식된다. 첫인상을 느끼는 데 걸리는 시간은 나라별로 개인별로 다르다. 대개 미국 사람들은 15초 정도가 걸리고, 일본 사람들은 7초 정도가 걸린다고 한다. 눈치가 빠른 우리 민족이 느끼는 첫인상은 불과 1초 정도라고 하니 얼마나 빨리 결정되는지 알 수 있다.

셋째, 일방성이다. 첫인상은 확인 절차 없이 일방적으로 정해진다. 상대방에게 사실이나 진가를 보여 주기도 전에, 그렇다고 동의

하기도 전에 보는 사람이 일방적으로 결정해 버린다.

넷째, 연관성이다. 첫인상은 상상과 연상을 하며 받아들인다. 누군가의 얼굴에서 유명인과 비슷한 특징을 찾아낸다면 이미지를 이입하여 상상하고 유추해 간다. 이런 경우는 많이 행복한 편이나, 반대의 경우를 생각해 보면 억울함이 발생할 것이다.

위의 네 가지 특징을 생각한다면 첫인상은 보이는 사람의 입장에서 불리한 조건을 가지고 있다. 상대방에게 원치 않는 모습으로 각인될 소지가 다분하다. 첫인상을 관리하여 준비된 모습으로 보이는 것은 뛰어난 경쟁력을 확보하는 방법이다.

첫인상을 바람직하게 형성하기 위해서는 네 가지 관점에 유의해야 한다.

첫째, 스스로 자신을 보는 관점이다. 사람들이 새로운 환경에 처했을 때 공통적으로 갖는 자기 정체성에 관한 관점이다. 나는 누구이며, 어떠한 사람으로 보일지를 결정해야 한다.

둘째, 내가 다른 사람들을 보는 관점이다. 자기 정체성이 어느 정도 정립되고 나면 심리적인 안정감이 확보되면서 서서히 주변에 있는 사람들에게 관심이 간다. 사람들이 나를 어떻게 대할 것인지와 그들의 성격과 선호도 등의 분위기를 확인하고 나에게 반응하는 태도를 평가하게 된다.

셋째, 다른 사람들이 나를 보는 관점이다. 좋은 첫인상의 형성은 다른 사람들이 나에 대해 긍정적인 느낌을 갖게 하는 것이다. 다른 사람들이 나에 대해 어떠한 반응을 하는지와 나의 모습과 언행을 평가하는 정도에 관심을 가지게 된다. 그 결과에 흐뭇해하기도 하고 아쉬워하면서 반성하기도 한다.

넷째, 다른 사람들이 스스로를 보는 관점이다. 내가 다른 사람들에게 미친 영향력의 크기와 각인시킨 자극에 대한 질과 양의 정도에 따라 그들 스스로 형성한 자기 평가 가치가 생성된다. 그러나 나를 만남으로 인해 자신에 대해 어떻게 생각하는지를 잘 모르는 경우가 있다. 이 관점이야말로 긍정적인 첫인싱을 형성하는 가장 중요한 요소가 된다. 나를 만난 후에 확인하게 되는 감정은 결국 나를 평가하는 기준이 되기 때문이다.

누군가를 처음 만날 때는 나의 좋은 이미지를 심어 주려는 노력도 중요하지만, 상대방이 나를 만남으로 인해서 자기가 자신에게 어떻게 보이게 되었느냐가 더욱 중요하다. 이러한 차원에서 본다면 첫인상은 우선적으로 다른 사람의 관심과 욕구를 충족시키는 것이다.

첫인상이 갖는 심리 효과가 있다.

먼저 수면자 효과Sleeper Effect이다. 잘못 제시된 정보도 시간이 지나고 난 후에는 점차 망각된다는 현상이다. 기분 나쁜 일도 잠을 자고 나면 한결 가벼워지는 것처럼 시간이 흐름에 따라 처음 각인되었던 정보가 흐려지는 것이다.

둘째, 빈도 효과Frequency Effect이다. 첫인상이 좋지 않게 형성되었어도 반복해서 제시되는 행동이나 태도가 첫인상과는 달리 진지하고 솔직하게 호감을 주면 점차 좋은 인상으로 바뀌는 현상을 말한다. 좋은 예로 '열 번 찍어 안 넘어가는 나무 없다'는 속담이 어울린다.

셋째, 충격 효과Shock Effect 이다. 평상시에는 전혀 느끼지 못했던 충격적인 일이나 예상 밖의 행위를 통해 개인에 대한 인상이 일시에 바뀌는 현상이다. 상대방의 인식을 바꾸는 방법이 파격적인 만큼 위험도 따른다. 이도 저도 안 된다면 마지막 수단으로 활용하는 방법이다.

어느 방법을 선택할 것인가. 첫인상을 잘 준비할 것인가? 아니면 위의 효과로 첫인상 회복을 위한 방법을 찾아 행할 것인가? 자신에게 물어보라.

첫인상에도
여러 유형이 있다

　　　　　　　　자신의 가치를 높이는 방법에서 반드
시 짚고 넘어가야 할 것이 첫인상이다. 사람들마다 대인 관계에서
의 표현 방법이 다르고 스타일이 다르듯이 첫인상의 유형도 다르
다. 과연 나는 어떤 유형에 속할까? 첫인상의 유형은 네 가지로 구
분된다.

　첫째는 '불안형'이다. 누구든 처음 접근하기가 어려운 사람이다.
어딘지 모르게 차갑거나 배타적인 느낌을 주고, 이기적인 사람으로
비치거나 상대방을 무시하는 인상을 풍기는 사람이다.

　불안형인 사람과 접촉하면 자신의 의도와는 다르게 오해를 받거
나 트러블을 일으킬 우려가 있다. 모든 사람들과의 첫 번째 만남부
터 손해 볼 확률이 매우 높다. 불안형인 사람은 대개 얼굴 표정과
태도에 문제가 있는 경우가 많다. 말투 역시 상호적이지 않고 폐쇄

적이거나 퉁명스럽다. 그러면서 본인은 카리스마라고 생각하거나 우월한 태도라고 여기기도 한다.

문제는 다른 사람들은 모두가 느끼는 감정들을 본인만 모르고 있다는 것이다. 착각이다. 자신의 이미지를 착각하는 동안에는 스스로를 변화시킬 수 없다. 빠른 시간 내에 전문가의 상담이 필요하다.

두 번째는 '평범형'이다. 첫인상으로 손해를 보거나 큰 오해를 불러일으킬 우려는 없다. 동시에 뚜렷한 인상이나 강한 이미지가 부족해서 사람들의 기억에서 희미해지기 쉽다. 명함을 주고받고, 반갑게 인사를 나누고, 여러 가지 대화를 이어 가도 다음 날이면 까맣게 잊히기 쉬운 유형이다. 개성 있는 첫인상이 요구된다.

이유가 무엇일까? 개성이 없거나, 호감 주는 첫인상에 관심이 없거나, 관심은 있어도 표현하는 방법을 모르거나 서툴면 희미한 이미지를 남기게 된다. 평범형은 첫인상에서 나타나는 자신의 장점과 단점이 무엇인지 정확히 파악해서 처음 만나는 사람들에게 선명한 인상을 주려는 교육과 훈련이 필요하다.

세 번째는 '친근형'이다. 누구나 편하게 다가서는 친근한 인상을 풍긴다. 사람들을 처음 대해도 거부감이 별로 들지 않고 부담감 없이 대화하는 사람이다. 상대방을 공감하고 배려하는 모습까지 보인다면 첫 만남부터 감동을 기대할 만한 좋은 유형이다.

간혹 친근형 중에 거짓 친근형이 숨어 있다. 자신의 일시적인 친근함이 본질을 감춘 의도적인 친절이거나 위장된 겸손이면 바로 들통나서 많은 사람들을 실망시킨다. 친근형은 남들이 경계심 없이 호의적으로 접근한다고 해서 자만하거나 우쭐해서는 절대 안 된다.

네 번째는 '호감형'이다. 오랜만에 만나는 옛 친구 같은 첫인상을 주는 사람이다. 처음 만나는데도 전혀 서먹하지 않고, 누구든지 쉽게 끌리는 느낌을 준다. 많은 사람을 만나는 일을 한다면 빠르게 인정받고 성공할 유형이다. 물론 유지를 위한 관리가 필요하다.

첫인상이라는
높은 장벽을 넘어라

사람들은 자신의 첫인상이 어떻게 평
가받고 있느냐에 관심이 많다. 남에게 어떻게 보일까 신경을 쓰면
서 열심히 가꾸고 다듬는다. 그것은 착각이다. 이유는 다른 데 있
다. 첫인상의 진실은 무엇이고, 높은 장벽을 넘는 방법은 무엇인가?

첫인상의 특징과 심리적인 요소들을 종합해 보면 만나는 모든
사람들에게 호감 있는 첫인상을 준다는 것이 말처럼 간단하지 않
음을 알 수 있다. 그렇다고 지금까지의 방법대로 살아갈 수도 없고,
호감형으로 보였다고 자만하고만 있을 수도 없다.

첫인상의 장벽을 넘기 위해서는 우선 자신이 어떠한 유형이었는
지를 확인해 볼 필요가 있다. 사실 네 가지 중 자신이 어떤 유형인
지는 '첫인상 테스트'나 남들이 보는 자신의 이미지를 발견하는 프
로그램을 통해 정확하게 알 수 있다. 또한 지금까지 처음 만나는 사

람들이 자신을 바라보던 시선을 생각하면 거의 짐작이 가능하다. 나를 바라보는 눈이 경계하는 눈초리였는지, 외면하거나 무시하는 시선이었는지, 반가워하는 눈빛이었는지는 누구보다도 자신이 가장 예민하게 경험했기 때문이다.

자신의 첫인상을 호감 있게 연출했다고 해서 모든 사람들이 좋게 느낄 것이라는 기대는 무리이다. 남들이 내 뜻대로 평가할 리도 만무하고, 상대방 역시 내가 그를 어떤 눈으로 어떻게 느끼고 평가하느냐를 예민하게 살피기 때문이다. 이것이 자신의 첫인상 형성에 대한 실존적 관점이다.

내가 처음 만나는 상대방에게 호감을 느끼면 상대방도 즉시 직감하게 된다. 반대로 별로 호감을 느끼지 못하면 상대방도 바로 눈치를 채고 나의 판단을 간파한다. 결국 상대방도 나에게 별로 호감을 느끼지 못할 뿐 아니라, 잘못하면 불쾌한 느낌까지 가진다. 되로 주고 말로 받는다는 속담이 첫인상에도 통하는 것이다.

호감과 첫인상은 상대적으로 증폭되거나 평가 하락한다. 모든 사람들에게 호감을 주기란 무리다. 하지만 최소한 내가 호감을 느끼고 좋은 관계를 나누고 싶은 사람에게 괜찮은 첫인상을 주는 것은 도전할 만하다. 내가 호감을 주는 사람이 되려면 먼저 상대방의 호감을 찾아내고 진정으로 느껴야만 한다. 그래야 나의 느낌이 자연스럽게 노출되고 표현된다.

첫인상의 장벽을 넘는 노하우는 앞서 말한 네 가지 유형을 초월하는 또 다른 유형이어야 한다는 것이다. 바로 '존중형'이다. 내가 다른 사람에게 친근하고 호감 있는 사람으로 보이려면 내가 아닌 상대방에게 집중해야 한다. 그렇다고 비굴함이나 일방성을 의미하는 것은 아니다.

마지막 인상에
흔적을 남겨라

첫인상이 대인 관계의 빗장을 여는 중
요한 관문이라고 한다면, 헤어지는 순간에 남겨 놓는 마지막 인상
은 상대에 각인되는 최종 자료로 작용한다. 사람들은 첫인상에 관
심과 노력을 기울이지만 마지막 인상에는 별로 신경을 쓰지 않는
경향이 있다.

첫인상이 만남의 자리를 성공으로 이끄는 출발점이라면, 오랫동
안 각인되게 하는 결승점은 마지막 인상이다. 첫인상이 또렷하지
못했다 하더라도 헤어지는 순간에 확실하게 각인시킬 수만 있다면
상대방의 마음속에 자신이 원하는 훌륭한 인상을 남기게 된다. 바
람직한 관계로 발전시키는 유리한 상태가 되는 것이다.

첫인상에서 입력된 이미지는 헤어지는 순간의 마지막 인상으로
완전히 정착된다. 헤어지는 순간 무엇을 어떻게 입력해 놓았느냐는

개인의 이미지 형성에 매우 중요한 요인으로 작용한다. 더구나 상대방과 다음에 만나는 속도로 작용하기도 한다.

헤어질 때의 모습은 사람마다 다양하다. 인사말이나 제스처, 행동도 각양각색이다. 기억에 남을 만한 인사말로 유쾌하게 헤어지거나, 헤어지기가 못내 아쉬워 보이지 않을 때까지 손을 흔드는 사람도 있다. 인사가 끝나면 다시는 안 볼 사람처럼 뒤도 한 번 안 돌아보고 총총히 가 버리는 사람도 있다. 어쩐지 나와는 빨리 헤어지고 싶어 하는 느낌이 들어서 서운하고, 차가운 뒷모습의 이미지가 오래도록 기억에 남는다.

마지막 인상의 특징으로는 무엇이 있을까? 첫인상에 네 가지 특징이 있듯이 마지막 인상에도 특징이 있다. 서로 비교해 보면 마지막 인상의 중요성을 실감할 것이다.

첫째, 첫인상이 일회적이라면 마지막 인상은 계속적이다. 헤어질 때마다 여러 번 각인시킬 수 있다는 이야기이다. 잘못 입력된 첫인상을 새롭게 각인시키는 데 결정적인 역할을 한다. 첫인상에 실패한 사람들에게는 패자 부활전과도 같은 기회이기도 하다.

둘째, 첫인상이 신속하다면 마지막 인상은 매우 느리다. 상대방의 이성이나 감성을 자극해서 감동하는 순간까지 충분한 시간이 필요하다.

셋째, 첫인상이 일방적이라면 마지막 인상은 상호적이다. 자신이 전달하고자 하는 의미를 상대방이 느끼고 공감해야 한다.

첫인상의 특징보다는 마지막 인상의 특징이 시간적으로나 상대적으로 여유가 있고 각인되는 크기도 다르다는 것을 알게 된다. 마지막 인상을 잘 주려면 어떻게 해야 할까? 우선 상대방의 대인 관계 스타일을 알아야 한다. 이지적인지 감성적인지를 알아야 하고, 외향성인지 내향성인지도 알아야 한다. 상대방의 스타일에 맞게 표현해야만 한다.

이지적인 스타일이라면 감정을 자극하기보다 다음 만남의 실질적인 성과나 과정상의 확인 질차 같은 중간 확인 방법 등의 이성적 자극을 제공하는 편이 좋다. 상대방이 감성이 풍부한 경우라면 헤어지는 순간과 헤어진 후에 다시 새겨 둘 만한 따뜻한 감동을 주는 방법이 좋다. 감동을 줄 마지막 인상의 무기를 항상 휴대하고 있어야 한다는 것이 중요하다.

성공적인 만남을 위해서라면 남들과는 다른 첫인상과 마지막 인상을 어떻게 남길지 연구하고 준비해야 한다. 대인 관계를 성공으로 이끌어 가는 이미지 메이킹은 개인의 목표에 따라 첫인상부터 마지막 인상까지의 종합적인 이미지를 향상시키는 일이다.

차가운 표정은
무조건 손해를 본다

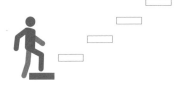

　　얼굴 표정이 차가워서 손해를 보고 있는 사람들이 의외로 많다. 그중에는 자신의 얼굴 표정이 차가운지조차 모르면서 손해를 보는 사람들도 있다. 거울에 비치는 익숙하고 자기 선택적인 모습만을 보고 느껴 온 결과이다. 차가운 얼굴 표정을 바꿔 원만한 대인 관계를 형성하는 방법을 알아보자.

　　우선 자신의 표정이 좋은지 나쁜지를 진단해 보는 방법이 있다. 신호 대기 중에 옆 사람을 말없이 쳐다보라. 상대방이 '왜 째려봐?'라는 반응을 보인다면 얼굴 표정에 조금 문제가 있는 사람이다. 엄마 품에 있는 아기에게 다가가서 "까꿍" 하니 방긋방긋 웃는다면 좋은 표정이다. 아기가 눈을 피하거나 고개를 돌린다면 문제가 있는 표정이다. 나와 눈이 마주칠 때마다 아기들이 울어 버린다면 얼굴 표정에 심각한 문제가 있다고 보면 된다.

막 태어난 아기들 중에 인상이 험악하거나 째려보는 아기는 없다. 태어났을 때는 선하고 아름다운 얼굴이 살면서 바뀐 것이다. 그러니 다시 바꾸면 된다는 공식이 성립된다. 인상학에서는 과거에 어떤 생각과 표정을 주로 지었느냐에 따라 지금의 인상이 만들어진다고 설명한다. 사회생활을 하다 보면 웃을 일보다는 무표정하거나 화내고 인상 쓰는 일이 많은 것이 사실이다. 사는 대로 놔두면 자동적으로 나쁜 인상이 만들어질 수밖에 없다.

좋은 인상을 유지하려면 거울을 자주 봐야 한다. '거울은 혼자 웃지 않는다'라는 말이 있다. 거울 하면 주로 유리 거울을 생각하기 쉬운데, 얼굴 표정이 좋은 사람들은 다른 거울을 본다. 바로 얼굴 거울이다. 얼굴 거울은 다른 사람의 얼굴에 나타나는 자신의 얼굴 모습을 의미한다. 특별한 관계가 아니라면 상대방의 얼굴 거울에 비치는 나는 두 가지 모습으로 보인다. 내가 웃으면 상대방도 웃고, 내가 인상 쓰면 상대방도 똑같이 반응할 것이다. 상대방의 얼굴 표정이 내 얼굴 표정이라고 이해하면 된다.

얼굴 표정을 바꾸는 구체적인 방법은 무엇일까? 해부학적 통계를 보면 얼굴 표정을 만드는 안면 근육이 약 80개 정도라고 한다. 다른 사람에게 호감을 주기 위해 움직이는 근육이 17개 정도라면, 거부감을 주기 위해 움직이는 근육은 43개나 된다고 한다. 이 숫자가 주는 의미는 간단하다. 호감을 주기보다는 거부감이나 오해가 발생할 확률이 훨씬 높다는 뜻이다. 다른 사람의 눈에 비치는 자신의 얼굴 표정을 진단한 후에는 얼굴 표정을 만드는 근육들을 호감 주는 모양이 되도록 강화시켜야 한다.

차가운 눈빛으로 손해를 보는 사람들은 눈 주변의 근육을 운동 하면 좋다. 일명 눈둘레근 순화 운동이다. 눈썹을 위로 최대한 추켜 올렸다 내렸다를 반복하면 눈둘레근이 유연해져서 따뜻한 눈매로 바뀐다. 눈을 가늘게 떴다가 크게 뜨기를 반복하는 연습도 차가운 눈매를 고치는 데 도움이 된다.

눈매 관리가 되었다면 다음에는 입 주변에 있는 근육의 움직임 을 살펴야 한다. 입꼬리가 아래로 축 처진 표정은 별로 좋지 않다. 특히 웃을 때 입꼬리가 내려가면 비웃는 표정으로 보이니 입꼬리 를 위로 올리는 훈련을 해야 한다. 미소 띤 상태에서 양쪽 입꼬리 를 손으로 위로 올리면서 웃는 훈련을 하면 효과가 크다. 윗입술을 앞니 두개로 살짝 물고 볼 근육을 위로 올리는 연습도 많은 도움이 된다. 이때 마음에서 우러나오는 소리로 "으흠" 하면 변화의 속도가 더 빠르게 나타난다.

성격과 **기질**은
바꿀 수 없는가?

　　　　　인간에게는 제각기 성격과 기질이 존재한다. 성격과 기질은 대인 관계를 형성하거나 유지해 나아가는 데 있어 한 사람의 이미지로 각인된다. 대상관계에서 나타나는 모든 표현이 성격과 기질에 따라 다르게 표현되기 때문이다. 한순간의 감정을 자제하지 못해 인생이 망가지는 사람이 있는 반면, 도저히 참지 못할 순간을 이겨 내서 크게 성공하는 사람도 있다.

　일반적으로 개인의 성격이나 기질을 언급하며 혈액형에 따른 예를 많이 든다. 혈액형 유머들도 많다. 한 가지만 예를 들어 보자. 다섯 명이 식당에서 식사를 하다가 갑자기 한 명이 밖으로 뛰어나가면 혈액형에 따라 반응이 다르다는 이야기이다.

　아무 일도 아니라는 듯이 계속 식사를 하는 사람은 B형, 후다닥 일어나서 "뭐야? 왜 그래?" 하면서 같이 뛰어나가는 사람은 O형이라고 한다. "쟤는 밥 먹다가 왜 뛰어나가는 거야?"라고 조용히 한마디 하는 사람은 AB형, 숟가락을 놓고 심각한 표정으로 "나 때문에 그런가?" 하고 고민하는 사람은 A형이라고 한다. 흔히 알고 있는 혈액형별 특성으로 그럴듯하게 지어낸 이야기라고 본다.

흔히 A형은 소심한 편이고, B형은 제멋대로인 면이 강하고, O형은 활동적이고, AB형은 따지기를 잘한다는 식으로 믿는 경향이 있다. 성격과 기질에 대한 이런 식의 고정 관념을 심리학에서는 바넘 효과Barnum Effect 또는 포러 효과Forer Effect라고 한다. 사랑을 하고 있거나 이별의 아픔을 겪고 있는 사람들은 유행가 가사가 꼭 자기 마음을 그대로 표현한다고 믿는다. 이것도 일종의 바넘 효과이다.

사람의 성격과 기질은 어떻게 이해하면 좋을까? 성격은 '낙천적인 성격이다', '쾌활한 성격이다'처럼 개인이 가지고 있는 고유한 성질이나 품성을 말한다. 기질은 대체적으로 태어나면서부터 발견되는 정서나 자극에 대한 반응, 자기 통제에 대한 개인차를 표현하는 말이라고 이해하면 된다.

사람들의 기질은 네 가지로 분류된다. 첫째는 사교적이고 관심과 칭찬을 좋아하면서도 화를 잘 내는 '다혈질'이다. 둘째는 인내력이 있고 조용하면서도 보수적이고 자기 방어적인 '점액질'이다. 셋째는 의지가 강하고 지배적인 '담즙질'이다. 넷째는 다재다능하고 분석적이면서 까다롭고 예민한 '우울질'이다.

사람의 성격과 기질은 바꿀 수가 없을까? 개인의 성격과 기질이 바뀌지 않는다면 타고난 대로만 살아가야 한다는 이야기가 된다. 사람의 성격과 기질은 고정되어 있는 것 같으면서도 자신의 의지와 노력에 의해 얼마든지 다르게 바꿀 수 있다. 어느 한 가지가 100%는 아니라는 것이다. 자신의 신분과 역할, 바람직한 리더십의 형태로 성격과 기질을 개선해서 표현할 수 있다. 그 방법이 사람의 본질을 발견하고 개선하는 내적 이미지 메이킹이다.

'사람은 자신이 생각하고 말하는 대로 변해 간다'는 말이 있다. 어떠한 비전이 명확하면 그렇게 되려는 의지가 무의식적으로 행동하게 만든다. 반대로 부정적이거나 비합리적인 고정 관념으로 바넘 효과에 함몰되어서는 자기 성장과 발전을 기대할 수 없다. '나는 이런 사람이야'라는 고정 관념에 자신을 가두어 놓지 말고 신분과 역할에 맞는 이미지를 가꾸어 가는 내적 이미지 메이킹이 필요하다.

매력 이론이란
무엇인가?

　　　　　　　　대인 관계 능력을 높이는 방법 가운데 매력도를 높이는 이론이 있다. 심리학자 뉴콤이 주장한 '대칭 이론'이다. 대인 관계 능력을 결정짓는 요인은 한 사람이 다른 사람에게 갖는 매력의 함수와 비례한다는 것이다. 예를 들어, 철수가 영희에게 매력을 많이 느낄수록 철수의 생각이나 행동이 영희 쪽으로 기운다는 이론이다. 그래서 대인 관계의 '매력 이론'이라고 표현하기도 한다. 대인 관계 능력을 높이려면 매력 있는 사람이 되어야 한다는 의미이다.

　인간의 매력이면 우선 멋진 외모를 연상하지만, 타고난 생김새는 어쩔 수 없다. 외모가 딸리는 사람일수록 다른 매력을 나타낼 필요가 있다. 외모와 상관없이 연출할 만한 다섯 가지 매력을 소개한다.

　매력 연출의 첫 번째는 꼭짓점이 분명한 사람이다. 꼭짓점은 최종 목표를 말한다. 사람들은 목표가 분명한 이에게 매력을 느낀다. 이 마을 저 마을 돌아서 가는 완행버스보다는 요금이 비싸더라도 한 번에 가는 고속 직통 버스를 선호하는 이유와 같다. 토머스 칼라일은 "목적이 분명한 사람은 험난한 일에서도 앞으로 나아가고, 목적이 없는 사람은 순탄한 길에서도 앞으로 나아가지 못한다"고 하였다.

매력 연출의 두 번째는 반김이다. 사람들은 환영을 잘하는 이에게 매력을 느낀다. 집에서 기르는 동물들 중 반김의 고수가 애완견이다. 다른 가축들은 주인이 들어와도 본 척도 안 한다. 닭은 알을 낳다가 잡아먹히고, 돼지는 먹기만 하다가 잡아먹히고, 소는 일만 하다가 잡아먹힌다. 강아지는 주인 품에서 사랑받고, 아프면 치료도 받고, 맛있는 영양 간식도 먹고, 만수무강하게 살아간다. 강아지는 심리학책을 읽지 않고도 관계에 필요한 매력이 뭔지를 안다. 강아지에게 배울 점이 바로 반김이다.

매력 연출의 세 번째는 칭찬이다. 사람들은 칭찬을 잘하는 이에게 매력을 느낀다. 심리학자인 매슬로 박사가 제시한 인간의 욕구 중에서 최상위에 해당하는 욕구가 자아실현의 욕구이다. 자아실현을 위한 전제가 자존의 욕구이다. 인간은 다른 사람에게 인정받고 존중받을 때 성취감과 행복감을 느낀다. 인간뿐만이 아니다. 칭찬은 고래도 춤추게 한다지 않는가.

매력 연출의 네 번째는 밝은 얼굴이다. 화나고 찡그린 얼굴을 좋아할 사람은 아무도 없다. 표정이 밝고 환한 미소를 가진 사람이 남녀노소를 막론하고 매력을 풍긴다. 얼굴이 깎아 놓은 듯이 잘생겨도 표정이 쌀쌀하면 매력은커녕 오히려 욕을 먹는다. 이른바 꼴값을 한다고 한다.

마지막으로 매력 연출의 다섯 번째는 손해를 보는 사람이다. 언제 어디서든 절대 손해를 보지 않는 사람이 있다. 뭐든지 정확하게 따지고 말 한 마디도 지지 않는다. 그러면서 "내 말이 틀렸냐?"라고 한다. 이런 사람은 누구에게나 인색한 사람으로 비친다. 인색한 사람에게 다가오는 것은 난색이라는 반응뿐이다. 베풀고 손해 보는 것을 배려라고 한다. 배려심이 매력으로 나타난다. 남을 위해 작든 크든 손해를 보는 사람은 우리 곁에 살아 있는 천사이다.

레테르 효과란
무엇인가?

　　　　　　상대방의 마음을 움직여서 실제 행동
하도록 만드는 방법이 있다. '레테르 효과Letter Effect' 또는 '라벨 효과
Label Effect'라고 한다. 상품에 붙어 있는 표시를 라벨이나 레테르라고
한다. 대인 관계에서 레테르 효과란 무엇인가?

　　레테르 효과를 알아보기 전에 먼저 낙인 효과Stigma Effect부터 이해
해야 한다. 어떤 사람이 일단 나쁜 사람으로 낙인찍히면 부정적인
인식은 좀처럼 사라지지 않는다는 이론이다. 평상시에 신뢰하거나
좋아하던 사람들이 "당신은 정말 무능한 사람이야"라고 말하면 대
부분의 사람들은 낙담하거나 좌절하고 실제로 무능한 사람으로 바
뀌어 간다. 레테르 효과도 이와 비슷한 논리이다. 매일 지각하는 아
이에게 "너는 원래 시간을 잘 지킬 수 있는 사람이야"라고 계속 인
식시켜 주면 시간을 잘 지키는 아이로 바뀐다는 것이다.

레테르 효과를 잘 이용하기로 유명한 사람이 영국의 처칠 수상이었다. 처칠은 실수를 하지 않았으면 하는 부하에게 "자네는 꼼꼼하게 일을 잘하는군"이라는 말을 했고, 대담하게 행동하길 바라는 부하에게는 "자네 얼굴에서는 용기가 넘쳐 나는군"이라고 말했다. 이런 식으로 처칠은 자기 생각대로 부하들을 움직였다고 한다. 내가 원하는 대로 상대를 특성화시켜 말해 주면 거기에 따른 행동을 하게 되는 것이다.

레테르 효과는 일종의 암시 효과이다. '말이 씨가 된다'는 속담처럼 '나쁜 일이 벌어질 것이다'라고 예상하면 그대로 나쁜 일이 벌어진다. '좋은 일이 생길 거야'라고 믿으면 실제로 성공으로 이어진다. 레테르 효과는 상상보다 훨씬 크게 작용한다. 인간은 다른 사람이 붙여 준 레테르에 의외로 약하다. 기대에 반하는 행동을 해서 주변 사람들을 실망시키는 것을 두려워한다. 칭찬을 많이 받고 자란 아이들이 칭찬받을 일을 많이 한다는 연구가 있다.

재미있는 사실은 레테르 효과는 다른 사람의 마음과 행동을 바꾸는 역할만이 아니라 자신도 바꾸는 효과가 있다는 것이다. 담배를 끊으려면 여러 사람들 앞에서 공언을 하라고 충고한다. 자신을 신뢰하는 사람들에게 실망을 주기 싫은 데다 자기가 한 말에 책임을 지려는 심리가 작용하기 때문이다. 심리학에서는 자기 충족적 예언Self-fulfilling prophecy이라고 한다.

단, 예외가 있다. 레테르 효과가 절대로 통하지 않는 천재들이다.

원리나 이론을 통달한 천재들은 주변 사람의 말에 둔감하여 별로 영향을 받지 않으며, 잘 흔들리지도 않는다. 그렇다고 상사나 고객의 말을 무시하고 고집부리면서 자기가 천재라고 우기다가는 '사이코'가 될지도 모른다. 자신과 타인에게 레테르 효과를 잘 적용해서 서로가 윈윈 하는 관계를 맺어 보기를 바란다.

거울 이미지 효과란
무엇인가?

모든 사람들이 나를 만나기만 하면 기분이 좋아지면서 호감을 가진다면 어떨까? 비즈니스만이 아니라 협상 테이블이라든지 이성 관계에서도 항상 유리한 입장에 서게 될 것이다. 다른 사람들이 나를 좋아하게 만드는 방법 중 하나가 '거울 이미지 효과'이다.

내가 웃으면 거울도 웃고, 내가 찌푸리면 거울도 찌푸린다. 대인 관계에서 나타나는 똑같은 현상을 심리학에서는 거울 이미지 효과라고 한다. 코넬 대학교의 교수였던 브론펜브레너가 만든 용어이다.

거울은 자신이 표현하는 그대로 반사된다. 마찬가지로 표현이든 자기 생각이든 거울에 반사되듯 그대로 돌아온다는 주장이다. 내가 상대방을 좋아하면 상대방도 나를 좋게 생각한다. 내가 상대방에게 거부감이나 불편함을 느끼면 상대방도 내게 똑같은 감정을 품는다.

브론펜브레너는 두 나라 사이에 전쟁이 일어나는 원인도 대부분 거울 이미지 효과 때문임을 밝혀냈다. 한 나라가 다른 나라에 적대감을 품은 경우를 보자. 상대가 군사력을 조금만 증강시켜도 우리나라로 쳐들어오기 위해서라고 생각하고 같이 군사력을 높인다. 서로 그러다 보면 결국 전쟁을 일으키더라는 것이다. 실제로 옛날 미국과 구소련의 냉전도 거울 이미지 효과에 의한 결과였다고 한다. 서로가 서로를 나쁘게 해석하여 제한 없는 군사 경쟁을 일으켰다는 풀이이다.

상대방에 대한 조그마한 불신이 걷잡을 수 없이 더 큰 불신을 불러온다. 인간의 감정은 서로를 감염시키기 마련이다. 내가 상대방을 싫어하는 감정을 가지면 어떤 상태로든지 표현하게 된다. 숨기려고 해도 숨겨지지 않는다. 미세한 제스처나 말투, 표정을 통해 싫어하는 느낌이 드러난다. 곧바로 상대방도 감지하여 결국 나를 싫어하게 된다. 거울 이미지 효과를 가장 잘 나타내는 구절이 성경에 있다. '대접받고 싶으면 먼저 남을 대접하라'는 말이다. 그야말로 대인 관계의 황금률이 아닐 수 없다.

고객이나 상대방에게 사랑을 받으려면, 설득이나 부탁을 잘하려면 먼저 상대방을 좋아하는 감정을 가득 품는 노력이 중요하다. '나는 당신 편입니다'라는 사인을 보내야 한다. 이것을 심리학에서는 '호의 보답성의 원리'라고 한다.

한 가지 실험 결과가 있다. 똑같은 씨앗을 심어 놓고 한쪽에는 잘 자라라는 긍정적인 메시지를 보냈고, 한쪽에는 반대로 부정적인 메시지를 보냈다. 긍정적인 메시지를 받은 쪽의 씨앗이 훨씬 빠르게 잘 자랐다. 물의 결정체에 대한 실험에서도 비슷한 결과를 입증한 바가 있다.

식물이나 무생물들도 그렇다면 인간끼리는 말할 나위조차 없다. 호의 보답성은 어느 한쪽이 호의를 베풀면 반드시 메아리처럼 다시 돌아온다는 원리이다. 부메랑 효과라고 말하기도 한다. 만나는 모든 사람들이 나를 좋아한다면 이보다 더 행복한 일은 없다. 호감받는 대인 관계를 위한 이미지 메이킹의 궁극적인 목적이기도 하다.

감성 이미지로
어필하려면?

　　　　　사람의 감성은 이성보다 훨씬 빠르게 판단하고 반응한다. 어떠한 사안을 머리로 이해시켰다고 해서 상대방의 공감과 동의를 얻어 낼 것이라는 생각은 애초부터 착각이다. 오히려 이해가 돼서 반감이 커지는 일이 의외로 많다. 고객 관계에서도 같은 일들이 비일비재하게 일어남에도 당사자나 윗선에서는 전혀 알아차리지 못하는 경우가 흔하다. 감성 이미지에 대한 무지이고 무시이다. 상대방이 흡족하게 동의하도록 하는 감성 이미지란 무엇인가?

　　대인 관계의 성공에는 감성 이미지가 필수일 만큼 중요하다. 선거를 앞두고 있는 후보자들이나, 비즈니스 현장에서나, 청중을 위한 강연장에서나, 사람과 사람이 만나는 삶의 현장에서라면 감성은 이성보다 빠르게 반응하고 예기치 않은 상황의 변수로 작용한다.

감성 이미지는 대인 관계에서 자신을 표현하고 타인을 수용하여, 자신과 타인의 감정을 조절하는 리더십 능력이다.

'고양이를 잡으려면 목덜미를 잡고, 토끼를 잡으려면 귀를 잡고, 사람을 잡으려면 마음을 잡아라'는 서양 속담이 있다. 상대방의 마음을 잡아야 비로소 성공을 잡는다. 마음은 돈이나 선물로 얻기는 어렵지만 공짜로는 아주 쉽게 얻는다. 마치 수수께끼와 같은 것이다. 사람의 마음을 공짜로 얻는 힘이 감성 이미지이다.

구매하는 상품에서도 이성과 감성의 이미지가 다르다. 휴대폰을 예로 들자. 이성으로 알 수 있는 것은 성능이나 요금 체계 등이다. 감성으로 느끼는 것은 디자인이나 색상, 제조 회사의 이미지 등이다.

앞으로도 계속 만나고 싶은 사람이 있는 반면, 단 한 번의 만남으로 기억에서 지우고 싶은 사람도 있다. 이성으로 다가온 사람과 감성으로 다가온 사람의 차이라고 표현하면 조금 무리일까. 감성 이미지는 다른 사람의 마음을 자극해서 나에게 호감을 느끼게 하는 방법이다. 감성 이미지를 유감없이 발휘하려면 세 가지에 신경 써야 한다.

첫째, 입이 아닌 눈으로 말해야 한다. 사랑하는 연인들은 서로 지긋이 눈만 바라보고 있어도 수많은 이야기를 교감한다. 반대로 말을 많이 하는 커플은 아직 연인이 아닌 경우이거나 싸우는 커플일 가능성이 크다. 눈빛이 좋아야 하고 눈으로 웃을 줄 알아야 한다.

눈웃음보다 눈초리가 강하면 호감에서 멀어진다. 눈웃음은 상대를 부드럽게 포용하지만, 눈초리는 상대방의 마음을 아프게 때린다.

둘째, 대답이 아닌 대응을 잘해야 한다. 비즈니스 상황에서는 질문과 대답이 존재하지만, 사랑하는 연인 관계에서는 의미와 반응이 존재한다. 대인 관계에서 대응을 효과적으로 하는 방법은 맞장구를 잘 치는 것이다. 누가 무슨 말을 하면 "알았다!"라는 대답보다 "아!"라는 반응이 보다 효과적이다. "아!"라는 반응은 가장 경제적이고 효과적으로 상대방의 마음을 채색하는 방법이다.

셋째는 손해를 보고 사는 것이다. 기업의 목적은 이윤 추구이고, 비즈니스는 이익을 내기 위한 행위이다. 손해를 보라면 망하는 것이 아니냐고 반문할 것이다. 대인 관계는 상대적이라서 시소와 같다. 한쪽이 이익을 보면 다른 쪽은 손해를 본다. 인기가 많고 성공한 사람들을 보면 한결같이 손해를 잘 본다. 큰돈을 들이지 않고도 상대방이 가장 감동할 만한 손해거리를 잘 찾아낸다는 특징도 가지고 있다. 소위 '되로 주고 말로 받는' 노하우를 알고 있는 것이다.

감성 이미지는 성공 노하우의 원료이다.

컬러 이미지 전략을 세워라

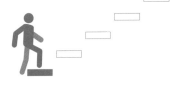

세상의 모든 사물은 고유한 색깔을 가진다. 특히 살아 있는 동물에게 색깔은 생존과 직결되기도 한다. 색깔을 통해 전달되는 이미지가 '컬러 이미지'이다. 나에게 컬러는 어떤 의미의 이미지일까?

컬러에는 세 가지 속성이 있다. 색깔의 종류를 말하는 색상, 밝기를 나타내는 명도, 선명함을 나타내는 채도가 있다. 색깔이 없는 무채색과 색깔이 있는 유채색으로 분류되고, 따뜻한 색과 차가운 색으로도 분류된다.

괴테는 색깔을 '빛의 고통'이라고 했다. 빛이 없는 밤에는 모든 것이 흑색이다. 컬러는 빛이 물체에 비추어 반사되거나 굴절, 투과, 분해, 흡수되면서 인간의 시각을 통해 감각되는 현상이다. 다양한 색깔이 우리의 느낌에서 어떠한 가치나 기준으로 기억되는 현상이 컬러 이미지이다.

이미지는 크게 '언어적 이미지'와 '시각적 이미지'로 전달된다. 언어적 이미지는 번역하지 않으면 이해하기 힘들다. 시각적 이미지는 번역하지 않아도 쉽게 전달된다. 눈으로 보고 느끼는 다양한 색채는 언어를 뛰어넘는 훌륭한 커뮤니케이션 수단이다. 여러 가지 색의 특성들을 소통 수단으로 적절히 활용하는 것이 컬러 이미지 전략이다.

세상에 존재하는 컬러의 수는 약 750만에서 1,600만 정도라고 한다. 그중 우리가 눈으로 보고 뇌로 인식하는 색의 수는 약 3,500여 정도이다. 가장 구별하기 쉬운 색깔은 무지개 색깔이다. 예술 문화가 발달한 유럽 사람들은 우리나라 사람들보다 더 많은 수의 컬러를 본다고 한다.

시 지각은 경험 정도에 따라 다르게 발달한다. 컬러를 잘 활용한다면 생산성이나 매출이 올라가 경제와도 밀접하게 관련된다. 음식점을 예로 들자. 음식을 먹기 전에 보이는 것이 식당의 인테리어나 식기 등이다. 모양도 중요하지만 색깔이 먼저 눈에 들어온다. 음식을 입으로 먹기 전에 눈으로 먼저 먹는다고 해도 과언이 아니다.

유럽에서 다이어트 식당으로 인기가 있는 식당의 색깔은 파란색이다. 파란 인테리어나 파란색 식기 등은 사람의 식욕을 저하시킨다. 유치원이나 어린이집에서는 아이들의 식욕을 돋우기 위해 주황색을 많이 사용한다. 콘크리트 벽에 연분홍색 페인트를 칠했더니

교도소 내의 폭력이 저하되었다는 실험도 있다. 컬러는 인간의 생각과 행동에 영향을 미친다는 결과이다.

조명의 색깔도 활용된다. 실내조명은 주로 빨강, 주황, 노랑 요소를 가진 백열등이 많은데, 태양빛에 가깝기 때문이다. 사물의 고유한 색깔을 그대로 보여 주기 위해서이다. 노란색 스펙트럼은 기분을 상쾌하고 밝게 만들어 주고, 주황색 스펙트럼은 요리를 더욱 맛있게 보이게 한다. 밥을 먹기 싫어하는 아이들의 식욕을 증가시키려면 식탁에 형광등보다 주황색 백열등을 설치하면 효과가 있다. 음식점에서 자리 회전을 빠르게 하고 싶으면 붉은색 조명이 좋다. 지루함을 빨리 느끼고 시간이 많이 흘렀다는 느낌을 준다. 실제로 예식장이나 레스토랑에 레드 카펫이 깔려 있는 이유이다.

이삿짐센터의 포장 박스 색깔이 푸른색 계통인 이유는 방어색이기 때문이다. 좁은 방에 파란색 계통의 벽지를 바르면 실제보다 넓게 보인다. 파란색이 다른 색보다 작게 보이고 가볍게 느껴진다. 이제 컬러는 시각적인 즐거움만이 아니라 경제적인 가치가 되었다.

나만의 **퍼스널 컬러**를
정했는가?

사람마다 각자에게 잘 어울리는 색깔이 존재한다. 자신의 피부색과 가장 잘 어울리는 색깔을 흔히 베스트 컬러라고 한다. 반대로 자신의 피부색과 잘 어울리지 않는 색깔은 워스트 컬러라고 한다. '퍼스널 컬러'란 자신의 피부색이나 심리 상황, 건강 상태, 라이프스타일 등을 고려해서 가장 적합한 컬러를 말한다. 나만의 퍼스널 컬러를 선택하는 방법은 무엇인가?

옷을 입을 때는 그날의 업무와 목적, 또는 기분에 따라 선택한다. 옷의 디자인도 중요하지만, 그날의 기분을 좌우하는 것은 옷의 색깔이다. 특히 중요한 업무로 사람을 만나야 한다면 옷을 정하기가 이만저만 어려운 일이 아니다. 그런 날에는 여러 가지 옷을 입어 보면서 제일 잘 어울리는 옷을 선택하기 위한 고민을 한다. 효과적인 방법은 자신에게 잘 어울리는 컬러의 옷을 선택하는 것이다. 그것을 퍼스널 컬러라고 한다.

퍼스널 컬러를 구별하고 선택하려면 먼저 자신의 피부색부터 알아야 한다. 개인의 컬러를 구별하려면 우선 따뜻한 색깔warm color인지, 차가운 색깔cool color인지 구분해야 한다. 분홍색은 따뜻한 색일까, 차가운 색일까? 분홍색 중에도 따뜻한 분홍이 있고, 차가운 분홍이 있다. 파란색에는 따뜻한 색깔이 들어 있을까? 답은 '그렇다'이다. 다른 색깔들도 모두 마찬가지이다.

웜 컬러와 쿨 컬러의 구분은 따뜻한 노란색 계통의 색깔을 띠고 있는가, 아니면 차가운 파란색 계통의 색깔을 띠고 있는가를 먼저 확인한다. 노란색 베이스가 잘 어울리면 혈색이 좋아 보이지만, 어울리지 않으면 탁한 인상을 준다. 파란색 베이스가 잘 어울리면 피부가 희고 깔끔한 인상을 주지만, 어울리지 않으면 창백한 느낌을 준다.

색채 전문가들은 컬러 감각을 키우기 위해 기본적으로 자연에서 배우는 색채 감각을 추천한다. 봄, 여름, 가을, 겨울의 4계절 분류 방식이다. 노란색 베이스와 파란색 베이스를 하나씩 더 쪼개서 네 가지 계절의 사람으로 분류하고 있다. 봄 사람과 가을 사람은 노란색 베이스에 속하고, 여름 사람과 겨울 사람은 파란색 베이스에 속한다.

봄 사람에게 잘 어울리는 색깔은 미디엄 브라운이나 청색과 감색의 경계선 정도이다. 노란색을 띤 투명감 있는 색을 생각하면 된다.

가을 사람에게는 전반적으로 차분한 색깔이 좋은데, 대개 갈색이 잘 어울린다. 노란색에 가까운 탁한 색을 고르면 된다.

여름 사람에게는 부드러운 색깔이 좋다. 감색으로 말하자면 조금 자주색에 가까운 색을 말한다. 다른 색과 비교했을 때 한층 밝은 색, 청색을 띤 색, 라이트 톤을 띤 색이다.

겨울 사람에게는 전반적으로 강약이 있는 색깔이 좋다. 갈색이나 감색도 4계절 중에 가장 어둡고 깔끔하게 보인다. 명암이 뚜렷한 색, 순색이나 무채색, 정색을 띤 색, 투명감이 있는 색을 말한다.

4계절 색이라고 해서 기본적으로 어느 한 가지 색을 말하는 것이 아니다. 같은 색이라도 부드럽거나 강하거나 탁하거나 투명하거나 하는 차이를 구분한다는 의미이다. 사람들마다 4계절의 색깔만 존재하지 않고 복합적으로 혼합된 색깔들이 있다. 세밀한 관찰을 위해서는 깊이 있는 컬러 감각이 요구되는 것이다. 명품보다 먼저 색깔을 배우는 자세가 필요하다.

컬러 **활용**에도
노하우가 있다

컬러가 경제력이라는 사실은 우리 생활 속에서 컬러가 어떻게 사용되고 있는지와 직결된다. 앞에서 설명한 색깔 외에도 진출색과 후퇴색이 있다. 진출색은 주위 배경보다 튀어나와 보이는 색이고, 후퇴색은 주위 배경보다 뒤로 물러나 보이는 색이다. 이런 색채 감각을 생활 속에 활용하는 노하우는 탁월한 경쟁력이 된다.

유치원 버스는 왜 노란색일까? 노란색은 가장 눈에 잘 띄는 색깔이고, 있는 그대로의 크기로 보여서 교통사고를 줄이는 색깔이다. 일본에는 학생들의 모자 색깔로 무지개 색을 채택한 초등학교가 있다. 색깔을 이용해서 학생들을 효과적으로 구분하여 안전을 도모한다는 이유에서이다.

그럼 1학년 학생의 모자는 무슨 색일까? 1학년 학생의 모자는 노란색이라고 생각하기 쉬운데, 빨간색이라고 한다. 여러 가지 색이 섞인 경우 빨간색이 진출색이라 더 돋보인다. 가장 돋보이고 눈에 띄는 빨간색을 1학년 학생들의 모자로 활용한다. 학교생활에 익숙하지 않은 1학년들이 빨강 모자를 쓰면 등하교 시나 다른 활동 시 안전을 지켜 줄 수 있는 것이다. 2학년은 주황색, 3학년은 노란색, 4학년은 초록색, 5학년은 파란색, 6학년은 감색 순이다. 선명하게 눈에 띄는 순서대로 학년별로 색깔이 다른 모자를 씌운다고 한다.

병원에서 피해야 하는 색깔은 빨간색이다. 빨간색을 보면 맥박 수가 빨라지고 혈압이 상승한다. 파란색이나 보라색을 가까이하면 혈압에 좋다고 한다. 빨간색을 보면 인간의 뇌가 자극받아 심장이나 신경계의 움직임이 활발해지고, 파란색은 심장 박동 수나 맥박 수가 낮아져 차분한 안정 효과를 얻을 수 있다.

오랜 시간을 대기해야 하는 공간으로는 어떤 색깔이 좋을까? 지루함을 피해야 하는 경우에는 초록색이 최고이다. 하루 종일 공부하는 학교 칠판이 연한 초록색이고, 병원 대기실이나 의사들의 수술복 색깔이 초록색인 이유이다.

경제적인 활용 면에서 컬러는 에너지 절감 효과도 기대할 수 있다. 벽지 색깔만 바꿔도 사람이 느끼는 체감 온도가 달라진다. 파란색 방과 주황색 방은 같은 온도라도 체감 온도가 3도 이상 차이가 난다.

자동차 색깔과 교통사고는 상관관계가 있을까? 자동차 사고가 가장 많은 색깔은 파란색이다. 파란색은 후퇴색이어서 실제보다 작아 보인다. 빨간색도 사고가 많다고 한다. 낮에는 눈에 잘 띄지만 밤에는 어두워 보이기 때문이다. 검정색도 마찬가지다. 사고가 가장 적은 자동차 색깔은 노란색이라고 한다.

컬러는 우리의 생활 속에 깊이 뿌리내리고 있다. 다만 컬러의 심리적인 가치를 제대로 적용하여 활용할 능력이 있느냐, 없느냐의 차이로 나타날 뿐이다. 이왕이면 다홍치마라는 속담이 있다. 자신에게 잘 어울리는 색깔과 목적에 적합한 색채를 찾아내어 활용하는 노하우도 자기 연출이 되는 것이다.

컬러 감각에 자신이 없는 사람도 절대 포기할 이유가 없다. 현대 사회에는 이미 컬러 전문가가 도처에 배치되어 있다. 언제 어디서든 자문과 도움을 받으면 된다. 사회 문명이 발달했다는 말은 모르면 물어보면 되는 시대라는 의미이다.

율곡 이이도
이미지 메이킹을 했다고?

　　조선 시대에 이미 이미지 메이킹을 가르쳤다면 믿겠는가? 율곡 이이의 《격몽요결擊蒙要訣》에서는 '구용九容', 즉 아홉 가지 올바른 몸가짐을 강조하고 있다. 이 내용은 옛날 서당에서 아이들에게 가르쳤던 이미지 메이킹의 구체적인 방법들이다. 그러고 보면 예나 지금이나 대인 관계의 중요성은 아무리 강조해도 지나치지 않는 필수 요소이다. 율곡 이이가 강조하는 아홉 가지 이미지 메이킹 방법은 다음과 같다.

　　첫째는 족용중足容重이다. 발을 무겁게 하라는 뜻으로, 대인 관계에서 처신을 가볍게 하지 말라는 의미이다. 발이 있다고 아무 데나 가면 안 되고, 발을 디뎌야 할 곳과 디디지 말아야 할 곳을 구분할 줄 알라는 뜻에서 강조한 말이다.

　　두 번째는 수용공手容恭이다. 손을 공손하게 하라는 뜻이다. 손을 잘못 쓰면 부정을 저지르나 잘 쓰면 남을 돕는 일에 유용하다. 사람의 신체 기관 중에서 어디 하나 중요하지 않은 것이 없지만, 손은 가장 사용처가 많은 기관이라 각별한 주의를 강조하는 대목이다.

세 번째는 목용단目容端이다. 눈을 단정히 하라는 뜻이다. 인간의 모든 불의와 탐욕은 보는 것에서 시작된다. 시야에 들어온다고 볼 것 못 볼 것을 함부로 보면 안 된다. 안 보이는 것을 함부로 찾아보지 말라는 의미도 된다. 한마디로 자신의 품격을 높이기 위해서는 곁눈질을 하지 말라는 이야기이다. 눈이 단정해야 세상을 꿰뚫어 볼 수 있다.

네 번째는 구용지口容止이다. 입을 함부로 놀리지 말라는 뜻이다. 매스컴에 등장하는 인물들을 보면 하나같이 입으로 인해 구설수에 오르거나 낭패를 보고 있다. 물고기가 입을 잘못 놀려 미끼에 걸리듯이 사람도 입을 잘못 놀리면 화를 자초하기 마련이다.

다섯 번째는 성용정聲容靜이다. 소리를 정숙히 하라는 뜻이다. 인간 세상은 동서고금을 막론하고 참으로 시끄럽기가 그지없다. 일부러 시선을 끌려고 전략적으로 만드는 노이즈 마케팅까지 있다. 예전에는 목소리 큰 사람이 이긴다고 했지만, 요즘엔 목소리 크다고 이기는 것이 아니다. 정보력이 있는 사람이 이기는 세상이다. 원래 속 빈 깡통이 요란한 법이다.

여섯 번째는 기용숙氣容肅이다. 신체적으로나 정신적으로 기운을 엄숙하게 다루라는 뜻이다. 어떤 일이든 호흡을 잘 조절하여 헛심을 쓰지 말아야 한다. 힘을 적절하게 사용하고 통제하라는 말이다.

일곱 번째는 두용직頭容直이다. 머리를 곧게 세우라는 뜻이다. 주변에 고개를 떨구고 사는 사람이 너무나 많다. 정치인부터 유명인에 이르기까지 고개를 숙이고 사과하는 사람들도 많다. 차마 얼굴을 들 수 없는 상황에서 아예 얼굴을 가리는 사람들도 있다. 두용직은 어떤 사람들 앞에서든 당당하고 떳떳한 사람이 되라는 뜻이다.

여덟 번째는 입용덕立容德이다. 서 있는 자세를 덕스럽게 하라는 뜻이다. 몸의 자세와 태도만이 아니다. 서 있을 자리와 점잖게 물러설 자리를 알아야 한다는 의미가 크다.

아홉 번째는 색용장色容莊이다. 얼굴빛을 밝게 하라는 뜻이다. 힘들고 어렵다고 찡그리지 말고, 만나는 모든 사람들에게 밝고 따뜻한 웃음을 보여 줘야 한다.

아홉 가지 의미들을 보면 모두가 요즘에도 강조되는 요소임을 알 수 있다. 이미지 메이킹은 동서고금을 막론하여 대인 관계의 지침서와 같은 역할을 하는 것이다.

내적 이미지의
5적을 꺾어라

개인의 이미지는 세 가지가 있다. 인간의 본질을 의미하는 내적 이미지, 현상을 말하는 외적 이미지, 관계를 의미하는 사회적 이미지이다. 그중에서 개인의 이미지를 훼손하고 왜곡시켜서 파멸에 이르게 하는 오적五賊이 있다.

내적 이미지의 오적 중에서 5위는 '밴댕이 속'이다. 가슴이 종지처럼 작거나 밴댕이처럼 좁은 속이다. 보통 밴댕이 소갈딱지라는 말을 많이 사용한다. 밴댕이는 성질이 나빠서 잡히자마자 제 풀에 못 이겨 죽는다고 한다. 밴댕이 같은 사람은 자신뿐만 아니라 주변까지 긴장하고 짜증 나게 만든다.

밴댕이는 졸개가 둘이 있다. 옹졸이와 치졸이가 늘 따라다녀서 개인의 이미지 성과물도 치사하게 나온다. 마음이 넓지 못하면 내적 이미지인 본질이 병든다. 그러면 외부로 나타나는 현상에 영향을 미치고, 현상은 바로 관계에 영향을 미친다. 마음의 여유와 아량을 키우는 노력과 훈련이 절대 필요하다.

내적 이미지의 오적 중에서 4위는 '삐딱선'이다. 매사를 삐딱하고 부정적으로 보는 습관이다. 이런 사람들은 염세적이거나 비관적이다. 어떤 사람과 마주치면 반갑게 사귀는 생각을 하기보다는 시비 걸고 싸울 생각부터 난다. 툭하면 삐치고 토라진다. 매사에 생각을 긍정적이고 기분 좋은 쪽으로 돌리는 훈련이 필요한 사람들이다.

내적 이미지의 오적 중에서 3위는 '무관심'이다. 호기심이 많은 어린아이들은 무엇이든 자꾸 물어봐서 학습 능력이 뛰어나다. 관심이 많아야 내적 이미지가 튼튼해진다. 무관심이 습관이 되면 살아가는 일이나 심지어는 자기가 맡은 일까지 무관심하게 된다.

타인에 대한 무관심은 종종 사이코 패스와 유사한 증세로 나타나기도 한다. 사이코 패스는 감정을 느끼는 뇌의 일부분이 쪼그라들어서 자신의 감정과 고통에는 매우 예민하지만, 타인에 대해서는 전혀 공감을 못 한다. 누구와도 정서적 유대감을 맺지 못하는 것이다. 무관심은 무감각을 낳고, 무감각은 무동기를 낳는다. 스스로 동기 부여가 안 되는 내면은 엔진이 멎은 자동차와 다를 바가 없다.

내적 이미지의 오적 중에서 2위는 '열등감'이다. 열등감은 주로 두 가지로 표출된다. 매사에 공격적이거나 방어적이다. 아무런 이유도 없이 상대방의 말꼬투리를 잡고 계속 공격해 대는 사람이거나, 나만 보면 주눅이 들어 있는 사람이라면 나에게 열등감이 있어서 그렇구나 하고 여기면 된다.

　내적 이미지의 오적 중에서 1위는 '게으름'이다. 게으름은 생각과 마음을 녹슬게 한다. 게으른 생각이 마음을 게으르게 하고, 게으른 마음이 육체를 게으르게 한다. 세상의 어떤 재능이나 능력도 게으름 앞에는 속수무책이다. 게으름은 내적 이미지의 가장 무서운 적이다. '게으른 놈이 짐도 많이 진다'라는 우리 속담도 있다.

외적 이미지의
5적을 꺾어라

　　개인의 이미지 중 외부로 나타나는 현상을 외적 이미지라고 한다. 외적 이미지를 망치는 다섯 가지 적은 자신을 저평가하게 만드는 주범이다. 밖으로 보이는 이미지는 우리가 생각하는 것보다 중요하다. 외적으로 나타나는 현상은 내면보다 시선을 사로잡는 데 빠르게 작용한다. 외적인 이미지가 좋지 않다면 내적인 아름다움을 보여 줄 기회마저 얻지 못한다.

　　외적 이미지를 멋지고 아름답게 메이킹하려면 먼저 자신에게서 풍겨 나오는 냄새가 어떠한지 점검할 필요가 있다. 이미지가 좋은 사람에게서는 냄새가 아닌 향기가 난다. 외적 이미지의 5적은 다음과 같다.

　　첫째, 외적 이미지의 5적 중에서 5위는 '냄새'이다. 술 냄새, 땀 냄새, 발 냄새, 입 냄새, 정신을 몽롱하게 만드는 짙은 향수 냄새,

홀아비 냄새 등 사람에게서 풍기는 좋지 않은 냄새들이 이루 말할 수 없이 많다. 후각 외에도 다른 느낌으로 알 수 있는 냄새들도 많다. 뉴스에서 터져 나오는 온갖 범죄들의 냄새와 비리에 연관된 역한 냄새들도 그렇다. 이런 냄새들이 명품 향수를 뿌린다고 없어지겠는가?

둘째, 외적 이미지의 5적 중에서 4위는 '불량한 패션'이다. 하의실종이라든지 너무 사치스럽거나 시간과 장소와 상황을 무시한 옷차림은 눈살을 찌푸리게 만든다. 명품이나 메이커보다 중요한 것은 자신의 피부에 맞는 색깔이고, 신분과 역할에 맞는 스타일이며, 체형에 맞는 디자인이다. 뒷모습은 팔랑거리는 10대 패션인데, 앞에서 보면 60대 얼굴인 경우도 황당하기가 이를 데 없다. 시간과 장소, 상황과 나이에 맞는 패션으로 외적 이미지를 업그레이드해야 한다.

셋째, 외적 이미지의 5적 중에서 3위는 '진한 화장'이다. 아침 햇살에 어울리는 화장이 있고, 오후에 피곤할 때 커버하는 화장이 있다. 물론 밤에 어두운 곳에서 어울리는 화장도 있다. 목적이나 대상, 분위기에 어울리는 화장법을 무시하고 무조건 진하게 바르면 외적 이미지의 주가는 곤두박질한다.

넷째, 외적 이미지의 5적 중에서 2위는 '얼굴 표정'이다. 차가운 눈빛, 날카로운 얼굴, 화난 얼굴, 불만 있는 표정이다. 대인 관계에서 얼굴 표정이 중요하다는 것은 아무리 강조해도 과하지 않다. 소통 중에서 가장 많은 비중을 차지하는 비언어적인 방법으로 꼽힌다. 청소년 폭력의 원인 1위가 '째려본다'인 것만 보더라도 표정이 인간의 감정에 미치는 영향이 지대함이 증명된다. 검문소만 가면 걸리는 사람은 생김새보다는 표정이 나빠서이다. 얼굴 표정이 나쁘면 어딜 가도 불심 검문 우선순위이다.

다섯째, 외적 이미지의 5적 중에서 1위는 '건방진 태도'이다. 상사에게 대답하는 자세가 뻐딱하다거나, 인사할 줄도 모르고 무례하거나, 잘난 척만 하고 안하무인인 사람은 무조건 건방져 보인다고 해도 무리는 아닐 것이다. 여러 사람들이 모인 자리에서 쩍벌남도 건방진 태도로 한몫을 한다. 다른 것들은 몰라도 우리나라 사람들의 정서상 건방짐은 도저히 용서가 안 된다. 자신이 보고 느끼는 외적 이미지보다 남들의 눈에 비치는 외적 이미지에 신경을 써야 할 것이다.

사회적 이미지의
5적을 꺾어라

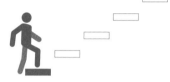

　　내면의 아름다움을 갖추고 외적인 아름다움으로 시선을 모은다고 해도, 대인 관계에서 제대로 적용하지 못한다면 자기만족 외에 아무런 의미가 없다. 구슬이 서 말이라도 꿰어야 보배가 되듯이 사회관계가 잘 이루어져야 이미지의 완성이 된다. 사회적 이미지는 자신의 품격을 표현할 기회를 지속시키는 능력이다. 사회적 이미지를 망치는 오적은 다음과 같다.

　　첫째, 사회적 이미지를 망치는 오적 중에 1위는 '공수표'이다. 요즘 우리 사회가 거짓말에 휘청거리고 있다. 직위 고하를 막론하고 일단 속이고 보자가 만연하고, 짝퉁과 사이비가 판을 치는 세상이다. 대인 관계 속에서 공수표를 남발하면 관계는 끝장나고 만다. '약속과 계란은 깨지라고 있는 것'이라는 말이 있다. 웬만하면 약속을 하지 말라는 의미가 포함되어 있다. 피치 못할 상황이라면 약속을 어기기보다 차라리 변경을 해서라도 지켜야만 한다.

둘째, 사회적 이미지를 망치는 오적 중에 2위는 '불성실'이다. '성실은 어디서나 통용되는 유일한 화폐다'라는 중국 속담이 있다. '성실은 최고의 요구 사항이다'라는 말도 있다. 성실은 돈이고, 대인 관계에서 가장 큰 설득력이자 권력이다. 성실이 결여되면 대인 관계에 치명적인 독이 된다. 불성실해서 망했다는 소리는 많이 들어 봤어도, 성실해서 망했다는 소리는 들어 본 적이 없다.

셋째, 사회적 이미지를 망치는 오적 중에 3위는 '말투'이다. 말씨와 말투는 전혀 다르다. 말씨는 사랑의 꽃씨가 되지만, 말투는 투전판의 다툼이 된다. 말투는 상대에게 전달되기 전에 말하는 사람이 먼저 듣는다. 자신의 뇌가 먼저 듣고 전신에 그런 태도와 행동을 하도록 명령이 내려진다. 말이 씨가 된다는 말이 있다. 말은 성취력이 있어 말한 대로 이루어진다. 막말, 반말, 뒷담화 들도 모두 말투에 해당된다. 청소년들에게 욕을 빼놓고 대화를 하라고 하니까 아예 말을 이어 나가질 못했다는 보도가 있었다. 참으로 다음 세대가 걱정되는 한 대목이다. 아름답지 못한 말투는 관계 악화의 송유관이다.

넷째, 사회적 이미지를 망치는 오적 중에 4위는 '불통'이다. 불통은 옛날 정월 대보름날에 쥐불놀이하던 도구를 말하는 것이 아니다. 대인 관계에서 일어나는 마찰적 소통을 불통이라고 한다. 소통은 하는데 기름기가 없어서 열이 나는 것, 동문서답, 우이독경, 동상이몽이 모두 불통의 공범이다. 불통을 소통으로 바꾸려면 상대방이 듣고 싶은 말을 하고, 상대방이 말하고 싶은 대로 들어야 한다. 이것이 소통의 완성인 대화이다. 대화란 상대방이 창자를 쏟아 낼 만큼 말하도록 들어 주는 것이다.

다섯째, 사회적 이미지를 망치는 오적 중에 5위는 '괘씸죄'이다. 심리학자들의 연구 결과를 보면 사람들은 자기를 드러내려고 하는 공명심에서라도 큰 죄는 과감하게 용서를 한다. 대통령 특사로 풀려나는 좀도둑을 보았는가? 큰 잘못을 한 사람들은 명분도 그럴듯하게 풀려난다. 큰 죄는 용서가 돼도 도저히 용서가 안 되는 죄가 괘씸죄다.

괘씸죄에 걸렸다 하면 언젠가는 반드시 대가를 치러야만 한다. 사람들 사이에서 가장 흔하게 걸려드는 괘씸죄가 "내가 틀린 말 했냐?"라는 것이다. 맞는 말이긴 하나 정서적으로 보면 맞는 말이 곧 틀린 말이라는 해석이 된다. 고객에 대한 불친절도 괘씸죄이다. 고객은 아무 소리 안 하고 가지만, 다시는 돌아오지 않는다. 괘씸죄는 정서적 배신감이다.

이미지 메이킹을
결산하라

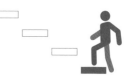

유행하는 우스갯소리 중에 '동남아에 가지 말고 마무리를 잘하자'라는 말이 있다. 동남아는 '동네에 남아도는 아저씨와 아줌마'를 뜻하고, 마무리는 '마음먹은 대로 무슨 일이든지 이룬다'를 뜻한다. 무엇이든 마무리를 잘하려면 결산이 필요하다. 해마다 하는 예산 결산만큼이나 자신의 이미지 메이킹에 대한 결산도 중요하다.

이미지 메이킹은 대인 관계에서 성과를 만들어 내는 동력이자 과정이다. 최소한 다음의 네 가지 이미지를 결산해야 한다.

첫째는, 생각 이미지 결산이다. 지금까지 밝고 긍정적인 생각과 어둡고 부정적인 생각 중에 어떤 생각을 많이 했는가. 그것이 지금까지 살아온 이유였을 가능성이 매우 크다. 그 생각 이미지가 굳어져서 지금의 얼굴 표정으로 바뀌었을 확률이 높다. '생각이 바뀌면 표정이 바뀐다'는 공식이 삶에 적용되기 때문이다.

두 번째는 표정 이미지 결산이다. 지금까지 주로 어떤 표정을 하고 살았는가. 자신의 표정이 사람들에게 호감이나 거부감으로 작용했을 것이다. 어떤 통계를 보니 한국인의 평균 수명을 80세로 잡는다면 일하는 시간이 23년, 잠자는 시간이 20년, 누군가를 기다리는 시간이 7년, 화내는 데 사용한 시간이 무려 5년이었다. 웃는 데 사용한 시간은 단 하루 정도였다. 많은 사람들이 웃으면 복이 온다는 것을 인정하면서도 정작 웃는 표정은 별로 신경을 쓰지 않는 셈이다. 밝고 다정하게 웃는 얼굴 표정이 대인 관계에서 보증 수표임을 간과하고 있는 것이다.

세 번째는 언어 이미지 결산이다. 표정이 바뀌면 말투가 달라진다. 그동안 사용한 언어 중에 긍정적인 단어를 많이 사용했는지, 아니면 부정적인 단어를 많이 사용했는지를 따져 봐야 한다. 꿈, 희망, 비전, 행복 같은 좋은 의미들은 긍정의 단어에 녹아 있고, 절망과 포기 같은 나쁜 의미들은 부정적인 단어에 스며 있다.

언젠가 가정법원에서 실험한 사례가 있다. 아이들에게 '가'로 시작하는 단어로 끝말잇기를 시켜 보았다. 평소 밝고 긍정적인 아이들은 '가정-정상-상식-식사-사랑-랑데뷰-뷰티플' 등의 단어를 사용했다. 평소 부정적인 아이들은 '가정법원-원망-망상-상처-처형-형사' 등의 단어를 주로 사용했다. 평상시에 주로 사용하는 단어가 한 사람의 인격과 태도를 결정하는 것을 설명하는 사례이다.

네 번째는 태도 이미지 결산이다. 개인의 태도는 대인 관계 형성에 직접적인 영향을 준다. 결국에는 한 사람의 인생으로 결정되기에 무척 중요하다. 태도는 '외부의 자극을 수용하는 틀', 즉 마음밭이다. 좋은 태도를 만들려면 마음의 정원을 넓고 푸르게 가꿔야 한다.

우리는 언제나 무언가를 시작하고 마무리를 한다. 이미지 메이킹도 마찬가지로 결산이 중요하다. 결산은 어떠한 상황을 견고하게 매듭짓는 마무리 행위이다. 이미지 메이킹의 마무리는 생각에서부터 출발해야 한다. 생각이 바뀌면 표정이 바뀌고, 표정이 바뀌면 말투가 바뀌고, 말투가 바뀌면 태도가 바뀌고, 태도가 바뀌면 인생이 바뀌기 때문이다.

미국의 유명한 정신 분석학자 에릭 번은 어떠한 일을 매듭짓는 의미에 대해 다음과 같은 명언을 남겼다. "과거와 타인은 바꿀 수 없다. 그러나 지금부터 시작되는 미래와 자신은 얼마든지 바꿀 수 있다!" 모든 시작의 끝은 마무리로 결산되고, 모든 마무리는 지금 여기로부터 시작된다.

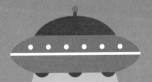

PART 2

이미지 메이킹,
2단은 소통

대인 관계가
형성되는 단계

　　　　　이미지 메이킹이 필요한 이유는 자신
의 진가를 오해 없이 표현해서 다른 사람과의 관계를 바람직하게
형성하기 위함이다. 그러기 위해서는 대인 관계가 형성되는 단계를
알아 둘 필요가 있다. 대인 관계는 일반적으로 네 가지 단계를 거쳐
형성된다.

　첫 번째 단계는 '관심'이다. 모든 관계는 관심으로 시작된다. 어떤
관심을 갖느냐에 따라 결과가 달라진다. 호기심이냐, 무관심이냐의
차이가 생긴다. 호기심이란 새롭고 신기한 것을 좋아하거나, 모르
는 것을 알고 싶어 하는 마음이다. 상대방의 어디가 좋은지, 무엇을
알고 싶은지 호기심이 있어야 한다. 만약 상대방이 싫거나 별로 알
고 싶은 마음이 없다면 무관심, 또는 경계심이 생긴다. 심리학자들
이 말하는 자기 충족적 예언이다.

상대방이 친절할 것 같다고 생각하고 접근하면 자기가 먼저 상대방에게 친절하게 보이려는 태도와 행동이 나온다. 반대로 상대방이 친절하지 않을 것 같다고 느껴지면 자신이 먼저 경계하고 퉁명스런 태도를 보이는 원리이다.

고객이 들어오면 살 사람인지 안 살 사람인지 바로 감이 온다고 자랑하는 판매 직원이 있다. 참으로 위험한 선입견이다. 선입견에 따라 분명히 응대하는 태도도 달라질 것이다. 구매하려고 온 고객을 소홀하게 대하면 평생 고객이 될 뻔했던 고객이 영원히 떠날 수도 있다. 호기심은 호감을 생성해 내지만, 경계심은 거부감을 만들어 낸다. 호감을 주는 사람이 되려면 먼저 상대방에게 관심을 가지고 호감을 찾아낸 후에 다가가는 편이 유리하다.

대인 관계가 형성되는 두 번째 단계는 '관점'이다. 호기심이냐, 경계심이냐에 따라 상대방을 인식하는 관점이 전혀 달라진다. 옛말에 '친정어머니가 아프면 가슴이 아프고, 시어머니가 아프면 머리가 아프다'는 말이 있다. 상대방에 대한 관점에 따라 자신의 느낌과 반응이 달라진다. 좋은 관계가 되려면 긍정적인 관점을 찾아내려는 마음가짐이 필요하다. 누군가를 만날 때마다 부정적인 것만 보고 꼬투리만 찾는다면 상대방의 관점을 제대로 못 찾는 현상, 즉 포커싱focusing 장애를 의심해 보아야 한다.

대인 관계가 형성되는 세 번째 단계는 '관찰'이다. 상대방에 대한 지금까지의 자기 생각이나 느낌을 재확인하는 단계이다. 상대방의 일거수일투족을 깊이 있게 관찰한다. 관찰하는 방법은 두 가지이다. 하나는 바라보는 방법이고, 또 하나는 지켜보는 방법이다. '바라본다'란 상대방에게 호감을 가지고 지원과 협력을 하기 위해 응시하는 눈빛이다. '지켜본다'란 상대방이 어쩐지 마음에 들지 않아서 안 좋은 면이나 트집을 잡으려고 예의 주시하는 눈초리이다.

대인 관계가 형성되는 네 번째 단계는 '관계 결정'이다. 서로가 호감을 가지고 발전할 관계인지, 아니면 거부감을 느끼고 멀어지는 관계인지가 결정된다. 한 쌍의 파트너가 되든지, 아니면 불쌍한 관계가 되는 것이다. 여기서 불쌍하다란 아니 불不 자에 쌍 쌍雙 자를 써서 둘이 하나가 되지 않고 갈라선다는 의미이다.

관심은 왜 **중요**한가?

        부모가 옆집 아이만 관심 있게 본다면 우리 아이는 질투를 느끼고, 옆집 부모는 의심을 한다. 남편이 다른 여자에게 관심을 가진다면 변심이고, 멋진 이성이 내게 관심을 가진다면 흠모이다. 관심은 대상과 상황에 따라 다양한 마음으로 달라진다. 우리는 인생에서 어디에 관심을 두어야 하는지 알아보자.

  관심關心을 한자로 풀이하면 어떤 것에 마음이 끌려 주의를 기울이는 것이다. 마음이 끌린다는 말은 눈으로 보는 것을 마음으로 해석하고 느낀다는 뜻이다. 눈앞에 보이는 현상을 어떻게 보느냐이다. 특히 대인 관계에서 상대방에게 관심을 가지는 일은 매우 의미가 있다. 관심을 가지고 바라보느냐, 무관심하게 쳐다보느냐의 차이가 관계 형성에서 중요한 요인으로 작용한다. 부모가 아이를 관심 있게 보는 것, 배우자에게 관심을 가지는 것, 고객을 관심 있게 바라보는 것은 새로운 관계의 씨앗이 움트기 시작하는 단계이다.

대인 관계에서 관심이 중요한 이유가 있다. 관심은 비전을 만들고, 비전은 한 사람의 인생을 이끌어 간다. 사람들마다 생로병사에 따른 관심이 다르고, 취미와 직업에 따른 관심도 다르다. 등산을 좋아하는 사람들은 낚시하는 사람들을 보고 할 일 없이 물만 쳐다보느냐며 따분하기 짝이 없다고 한다. 낚시를 좋아하는 사람들은 등산하는 사람들을 보고 어차피 다시 내려올 텐데 뭐 하러 힘들게 올라가느냐고 볼멘소리를 한다.

관심은 성과를 창출한다. 저녁에 있을 술자리에만 관심 있는 직장인에게서 그날 업무 성과를 기대하기는 어렵다. 관심이 클수록 투자와 에너지가 필요하다. 가장 많이 필요로 하는 투자가 시간이다. 관심은 시간을 원료로 사용한다. 과거의 관심이 현재의 나를 만들고, 지금 여기에서의 관심사가 미래의 자신을 만들어 간다.

비즈니스 상황에서 직장인들의 관심은 주로 두 가지로 나타난다. 하나는 업무에 대한 관심이고, 하나는 고객에 대한 관심이다. 두 가지 관심의 크기를 XY축에 올려놓고 보면 어느 한 가지 관심이 많은 사람보다 두 가지 관심을 모두 최고로 충족하는 사람이 성공한다.

자신의 일과 실적에만 관심이 있는 사람이 영업을 하면 주로 강매 영업 내지는 구걸 영업을 일삼기 쉽다. 심지어 사기를 치는 경우가 발생할 여지도 많다. 고객의 입장을 전혀 생각하지 않고 고객 만족은 이미 안중에도 없다. 그저 자기만족만 추구하는 것이다.

반대로 업무에는 관심이 없고 사람에 대한 관심만 있는 사람이 영업을 하면 업무 수행이나 영업 실적보다 고객의 기분만 중시한다. 결국 고객의 눈치를 보거나 요구에 끌려다니고 만다. 고객의 요구를 거절하지 못해 원가 이하로 파는 경우도 발생한다. 고객만 만족하고 자신의 소득은 없다. 고객과의 관계가 좋아질 거라고 생각할 수도 있지만, 고객이 이용만 하는 상황으로 전개되기 쉽다. 이런 스타일의 영업 사원이 많은 회사는 망한다. 회사가 망하면 자신도 망한다.

비즈니스에 성공하려면 일과 사람에 대한 관심을 둘 다 높여 놓아야만 한다. 관심이 목적을 바꾸고, 목적이 인생을 바꾼다.

관점을 바꾸면
해석이 달라진다

　　우리나라 역사에서 가장 가난한 왕은 누구일까? 바로 '최저 임금'이다. 그럼 가장 가난한 왕의 부인 이름은 누구일까? 최저 임금의 부인 이름은 '최저 생계비'라고 한다. 바라보는 관점에 때라서 해석이 달라지는 것이다.

　　사전적인 의미로 관점觀點이란 어떠한 사물이나 현상을 바라보는 방향이나 입장을 말한다. 우리가 보고, 듣고, 판단하는 것들 중에는 전혀 예기치 못했던 중요한 무언가가 숨어 있는 경우가 많다. 숫자 '6'이 적힌 종이를 바닥에 놓고 서로 마주 보고 있다면 한쪽에 앉은 사람은 '6'이라고 하고, 반대편에 있는 사람은 '9'라고 한다. 누가 옳고 누가 그르다고 말할 수 있을까? 관점의 함정인 동시에 중요성을 시사하는 것이다.

　　사람과의 관계에서도 '어떠한 관점으로 바라보는가?'는 매우 중요하다. 대인 관계에서 피할 수 없는 것 중에 하나가 오해이다. 오해로 많은 사람들이 힘들어하거나 관계가 소원해지기도 한다. 대부분의 오해는 보고 듣는 관점이 달라서 발생한다. 함정에 빠지지 않으면서 관점을 유연하게 가지려면 우선 세 가지를 참고해야 한다.

첫째, 관점은 지식과 이해 능력에 따라 다르다. 아는 만큼 보인다는 말과 같다. 내가 알고 있는 것이 전부가 아니라는 생각을 전제로 해야 이해가 가능하다.

둘째, 보는 방향과 각도에 따라 다르다. 예전에는 고속 도로 톨게이트에 다다르면 '통행료 받는 곳'이라고 쓰여 있었다. 지금은 '통행료 내는 곳'이라 하여 고객의 입장으로 바뀌었다. 관점은 방향과 각도가 결정한다.

셋째, 경험과 상상력에 좌우된다. 외국의 한 실화를 적용해 보자. 앞을 보지 못하는 한 걸인이 '나는 장님입니다. 도와주세요!'라는 팻말을 써 놓고 앉아 있었다. 늘 동전 몇 닢이 전부였다. 어느 날 행인이 팻말의 문구를 '아름다운 날입니다. 저는 그걸 볼 수가 없네요!'라고 바꾸어 주었다. 그때부터 동전이 아닌 지폐가 쌓였다고 한다.

행인은 불우한 걸인의 처지를 자신의 처지로 바꿔 경험과 상상력을 발휘했다. 타인과 나를 동일시 여기는 공감에서 비롯되었다고 볼 수 있다. 다르게 생각하고, 다르게 경험하고, 다르게 상상하여 표현했기에 가능했던 결과이다.

만약 내 차 앞으로 급하게 끼어들기를 시도하는 차가 있다면 어떤 관점으로 봐야 할까? '왜 짜증 나게 끼어들어?'라고 생각하면 요란하게 경적을 울릴 것이다. '누가 위독한가?'라고 생각하면 브레이크를 밟아 줄 것이다. 이처럼 관심이 선택의 차이를 결정한다면 관점은 해석의 차이를 결정한다.

대인 관계에서 발생하는
갈등을 어떻게 관리하는가?

　　　　　직장 생활을 하다 보면 원하지 않은 여러 가지 갈등 상황에 봉착한다. 그중에서도 대인 관계에서 오는 갈등이 가장 심각하게 작용한다. 조직 공동체에서는 대인 관계의 갈등을 어떻게 해소하느냐의 여부가 성공으로 향하는 중요한 과제이다. 조직 내 대인 관계에서의 갈등 관리 유형은 무엇이고, 어떻게 해소해야 할까?

　　대인 관계의 갈등을 관리하려면 우선 갈등 상황을 바라보는 관점이 중요하다. 갈등은 공동체에서 부정적인 영향만을 주는 것이 아니다. 창의적인 업무 수행이나 민주적인 의사 결정, 다양한 시각으로 조직을 바라보게 하는 등 긍정적인 영향을 주기도 한다. 갈등으로 인한 부정적인 영향을 줄이고 긍정적인 기능을 발휘하도록 갈등의 유형을 파악하고 관리하는 노력이 중요하다.

대인 관계의 갈등을 관리하는 몇 가지 유형이 있다. 먼저 기준을 자신에 대한 관심, 타인에 대한 관심으로 나눠 X축과 Y축에 올려 놓는다. 자신에 대한 관심이 높고 낮은 정도와 타인에 대한 관심이 높고 낮은 정도에 따라 5가지 갈등 관리 유형으로 구분할 수 있다.

첫째, 회피형이다. 자신과 타인에 대한 관심이 모두 낮은 유형이다. 갈등을 인정하고 해소하려는 의지보다는 갈등을 외면하려고 한다. 가장 비효과적인 갈등 관리 유형에 속한다. 회피형이 갈등 상황에서 벗어나려면 자신과 타인에 대한 관심을 높여야만 한다.

둘째, 순응형이다. 자신에 대한 관심은 낮고 타인에 대한 관심이 높은 경우이다. 타인의 관심에 순응하므로 결국 속으로 불만이 커지고, 계속 되풀이되면 자신의 갈등 상황이 더욱 깊어지는 역순환 작용이 나타난다. 순응형은 자신에 대한 관심을 높일 필요가 있다.

셋째, 지배형이다. 자신에 대한 관심은 높은 반면, 타인에 대한 관심이 낮은 유형이다. 지배형은 자기 주도적이고 강제와 억압이 동원되기에 일시적으로는 갈등 해소가 된 듯 보인다. 그러나 지속적인 관리가 되지 않거나, 다른 갈등에 휘말리면 타인의 갈등이 증폭되는 상태가 될 수 있다. 회피형과 같이 비효과적인 유형이다. 지배형은 타인에 대한 관심을 높여야 한다. 지배형 중에는 간혹 뇌에 문제가 있는 사이코패스도 있다.

넷째, 타협형이다. 자신과 타인에 대한 관심이 중간 정도인 유형이다. 갈등 관리 효과가 중간 정도로 나타나는 유형이다. 갈등이 해소되는 것 같다가도 다시 발생하기 때문에 갈등 상황에 대한 판단과 해소의 시간이 오히려 오래 걸린다. 관심 축이 모두 중간 정도를 유지하고 있어 '이 정도면 괜찮겠지'라고 합리화하는 심리가 작용할 수 있다.

다섯째, 통합형이다. 자신에 대한 관심과 타인에 대한 관심이 모두 높은 유형이다. 관심이 높다는 것은 상호 필요충분조건을 파악할 수 있다는 의미이다. 지원과 배려를 할 수 있는 조건이 충족되어 있음을 의미한다. 통합형이 가장 효과적인 갈등 관리 유형으로 인식된다.

결국 조직 내의 갈등은 관심과 직결된다. 갈등의 원인과 결과에 대한 자신과 타인의 관심을 제대로 인식해야 효과적인 갈등 관리가 된다.

잘못된 태도가
대인 관계를 망친다

　　　　　　　대인 관계 형성에서는 무엇보다도 태도가 중요한 영향을 미친다. 태도의 질을 떨어뜨리는 것이 무엇인가를 알면 미리 예방하거나 대처할 수 있다. 과연 어떤 태도가 관계를 망치는지 알아보자. 대인 관계를 악화시켜 비호감의 주인공이 되거나 자신의 가치를 떨어뜨리려면 다음의 세 가지를 하면 된다. 공동체의 요구 사항 중에서 대인 관계 능력을 악화시키는 방법이 있다.

　첫째, 안하무인이다. 위아래, 내외부 고객을 모두 우습게 보면 된다. 세상에서 자기가 최고라고 생각하는 것이다.

　둘째, 적반하장이다. 자신의 잘못은 전혀 신경 쓰지 않고 목소리 큰 사람이 이긴다는 말을 신봉하며 계속 큰소리치고 다니면 된다.

　셋째, 불협화음이다. 남의 말을 이리저리 옮기고 이간질하여 싸움을 붙이고 파당을 만들어서 시기 질투를 일삼으면 관계를 깨뜨리는 지름길이 된다.

업무 수행을 다음과 같이 하면 자신의 가치를 추락시킨다.

첫째, 자기 방치이다. 술, 담배에 절어 있거나 만날 골골거리며 다녀라.

둘째, 우유부단이다. 줏대 없이 어물거리거나, 딱 잘라 결단 내릴 일을 다음으로 미루면 된다. 원칙과 상식을 무시하고 주변 사람들 말에 좌지우지하여 비위를 맞추는 것도 좋다.

셋째, 사리사욕이다. 출장 나가서 부동산 값이나 알아보고 다니고, 팔고 사지도 않으면서 하루 종일 증권 시황에서 눈을 떼지 못하고, 거래처 사람들이 찾아와서 대접해 주기를 기다려라. 어떻게 하면 흔적 없이 뇌물을 받을 수 있을까도 연구하면 금상첨화이다.

문제 해결을 다음과 같이 하면 가치 추락의 지름길이 된다.

첫째, 주먹구구이다. 모든 문제를 대충대충 짐작으로 처리하면 된다. 얼마나 빠르고 신속하게 업무를 마치겠는가.

둘째, 안달복달이다. 조급하게 굴어서 속을 태운다는 뜻이다. 주변 사람까지 심난하고 피곤하게 해줄 수 있다.

셋째, 책임 전가이다. 발생한 문제는 모두 남의 책임으로 돌리고 나 몰라라 회피한다. 정말 빠르게 자신의 가치를 떨어뜨릴 수 있다.

사실 우리나라 경제가 무리하게 발전하는 과정에서 위에 나열한 태도들은 심심치 않게 통용되고 만연하였다. 객관적으로 나열한 이

태도들이 내 속에 새겨지지 않기를 바란다면 9개 태도들에 들어 있는 속성의 반대편에 서면 된다.

대인 관계 능력, 업무 수행 능력, 문제 해결 능력 등은 사람과 사람 사이에서 일어난다. 중요한 것은 상대방의 모든 반응이 나의 태도에 달려 있다는 것이다. 인간관계에서 어려움에 닥쳤을 때 상대방의 태도를 바꾸는 것이 쉬울지, 나의 태도를 바꾸는 것이 쉬울지 고민해 보자.

들리는 말, **보이는** 말,
숨어 있는 말, **없는** 말

우리가 사용하는 말에는 네 가지 종류
가 있다. 들리는 말, 보이는 말, 숨어 있는 말, 없는 말이다. 분명한
것은 네 가지 말 중에서 반드시 한 가지를 주로 사용한다는 것이다.
나는 주로 어떤 말을 선택해서 사용하고 있을까?

첫째, 들리는 말은 말 그대로 귀에 들리는 소리를 뜻한다. 입으로
전하고 귀로 듣는 형태의 가장 일반적인 소통 방식이다. 문제는 가
장 일반적인 소통 방식에서 가장 일방적인 소통의 모순이 일어난
다는 사실이다. 말을 전한 사람들은 상대방이 도대체 말귀를 못 알
아듣는다고 불평을 한다. 반대로 상대방은 무슨 말인지 이해가 안
된다고 반박한다. 상대방의 입장이나 상황을 전혀 감안하지 않은
채 서로가 자기 입장에서만 열심히 설명하고 듣기 때문이다. 들리
는 말의 한계가 여기에 있다. 상대방의 상황과 입장에서 알아듣고

이해하도록 말하는 것이 '공감 소통'이다.

둘째, 보이는 말은 표정이나 제스처, 자세와 태도 등을 통해서 전달되는 비언어적인 메시지이다. 본의 아니게 누군가에게 실례를 했다면 바로 사과하는 것이 에티켓이고 매너이다. 실례를 범한 사람이 죄송하다는 말은 했는데 표정이나 태도가 불량하다면 사과가 통하지 않는다. 차라리 말은 안 해도 얼굴 표정이나 몸짓으로 죄송하다는 표현을 하는 편이 상대방의 기분을 환기시킨다.

소통에 관한 통계를 보면 언어적인 메시지가 7%이고, 시각과 청각 같은 비언어적인 메시지가 93%라고 한다. 이른바 메라비안 법칙Mehrabian rule이다. 들리는 말보다 보이는 말이 더욱 강력한 영향력이 있다는 것을 유념해야 한다. 보이는 말은 마음에서 우러나오는 '배려 소통'이다.

셋째, 숨어 있는 말은 말로는 표현하지 않고 가슴속 깊이 숨겨진 본심을 의미한다. 바쁘게 일하던 아내가 소파에 누워 TV를 보는 남편에게 "여보, 뭐 해?"라고 물었다면? 아내가 말하는 "여보, 뭐해?"가 무슨 뜻인가를 얼른 알아차려야 가정에 평화가 온다. 아내가 말하는 "여보 뭐 해?"라는 말에는 3천 가지 이상의 심리적인 의미가 숨겨져 있다고 한다. 직장에서도 마찬가지이다. 상사가 "자네, 오늘 저녁에 바쁜가?"라고 물어 온다면 숨은 뜻을 간파할 줄 알아야 한다.

직접 말하지 않아도 상대방이 스스로 알아서 말해 주기를 기다리는 '말 너머의 말'이 '숨어 있는 말'이다. 상대방의 가슴속에 꼭꼭 숨어 있는 말을 찾아내기란 매우 어렵다. 그것을 찾아내는 소통 능력을 '존중 소통'이라고 한다.

넷째, 없는 말은 서로에게 아무런 의미나 가치가 없는 말이다. 자신이 중요하게 생각하는 의미를 다른 사람이 몰라준다고 서운해하거나 토라질 이유가 전혀 없다. 출근 시간에 전철 안에 있는 사람들이 내 생일을 몰라준다고 서운할 일은 전혀 없다. 만약 모두가 내 생일을 알고 축하해 준다면 평생 잊지 못할 감격 이상의 이벤트가 된다. 전혀 기대하지도 않았고, 일어나리라 생각조차 하지 않았던 일. 즉 '없는 말'인 것이다.

없는 말은 사회나 학교에서는 도저히 배울 수 없다. 다만 가정에서 어머니의 헌신적인 사랑과 섬김을 통해 배워 온 말이다. 없는 말은 곧 '섬김 소통'이다.

들리는 말, 보이는 말, 숨어 있는 말, 없는 말 들은 뒤로 갈수록 점점 더 강력한 메시지가 된다. 들리고 보이는 저변에 숨어 있는 말과 없는 말까지 알아내는 노력과 노하우가 필요하다. 이것이 상대방의 마음을 얻는 동시에 소통의 달인이 되는 길이다.

통하지 않으면
통한다

우리는 매일매일 수많은 말을 사용한다. 현대인은 언어의 홍수 속에서 살아간다고 해도 과언이 아니다. 말을 잘해서 성공하는 사람이 있는가 하면 말을 잘못해서 실패하는 사람도 많다. '통通하지 않으면 통痛한다.' 소통이 되지 않으면 고통이 따라온다. 소통이 없는 관계에서는 어려움이 따를 수밖에 없다. 말은 소통의 주재료이다. 말에는 어떤 힘이 있을까?

말은 한 사람의 이미지를 결정하는 중요한 요인 중 하나이다. 살다 보면 무심코 던진 말 한마디로 인생이 바뀌거나 실패를 경험하는 사례들을 자주 본다. 당나라 때에는 신언서판身言書判이라는 기준이 있었다. 관료를 채용하며 인물을 평가하는 네 가지 기준이다. 그중 두 번째가 언言으로 목소리와 말솜씨를 말한다. '언'은 표현력이다. 아무리 뜻이 깊고 아는 것이 많아도 말에 조리가 없고 자신감

없이 중언부언하면 좋은 평가를 받기 어렵다.

제대로 된 발성과 또렷한 말씨는 리더십의 첫 단추이기도 하다. 겉모습이 우람하고 멋진 남자가 사극에 등장하는 이방의 목소리로 인사했다고 생각해 보라. 목소리에는 품격이 들어 있다. 사용하는 말에는 생명력이 들어 있다.

고객은 직원의 말 한마디에 "계약합시다, 다음에 봅시다"를 기분 좋게 외칠 수도 있다. 어려운 일이 떨어져 부담을 잔뜩 안고 있는 부하 직원에게 "걱정 말고 힘내! 자네는 잘할 수 있어!"라는 한마디는 사기를 진작시켜 주고, 부서의 성취율을 높여 주는 소중한 에너지가 된다. 사랑과 소망을 담은 한마디의 말은 용기를 주고, 공감을 주고, 행복을 감전시켜 주기도 한다. 말에는 힘이 있다.

무심코 던지는 말 한마디를 정말 조심해야 한다. 말을 잘하기 전에 필요 없는 말을 안 하는 것도 중요하다. '물고기는 언제나 입으로 낚인다.' 의미심장한 말이다. 사람도 역시 입으로 걸려든다. 말을 많이 하는 사람은 실수를 많이 하게 되어 있다. 사람의 말과 유리병에서 세 가지 공통점을 찾을 수 있다.

첫째, 병은 마개를 꼭 닫아야 물이 쏟아지지 않는다. 사람의 입도 꼭 닫아야 다른 사람을 깎아내리는 말, 비밀스러운 말, 해서는 안 되는 말들이 새어 나가지 않는다.

둘째, 병에는 병목이 있다. 몸보다 입구를 좁게 하여 병의 물이 한꺼번에 쏟아지지 않도록 하였다. 사람의 목도 가슴보다 작다. 심

중에 있는 깊은 말은 함부로 쏟아 내지 말고 가슴속에 담아 두어야 한다.

셋째, 한번 엎질러진 물은 병에 다시 주워 담을 수 없다. 사람의 입에서 나온 말도 다시 주워 담을 수 없다. 말을 할 때는 신중하게 해서 후회가 되는 말을 피해야 한다.

말을 잘하기 위해서는 어떤 준비가 필요한가?

첫째, 나의 대화 유형과 상대방의 대화 유형을 잘 파악하는 것이 중요하다. 성격이나 취향, 심리 상태 등을 알아야 한다. 상대의 대화 유형에 따라 유연하게 대처해야 말의 성공을 가져온다.

둘째로는 상황 파악을 잘해야 한다. 노래 실력을 겨루는 자리에서 개그만 하거나 춤만 추고 들어가는 자가 합격하겠는가? 상황을 파악하여 적합한 말과 행동을 해줘야 한다. 선임자가 상사에게 혼나고 있는데 명랑하고 상냥한 목소리로 "좋은 아침입니다"라고 하면 통하겠는가? 아무리 좋은 말이라도 때와 상황에 따라 사용해야 한다. 눈치는 좋은 말하기의 필수 조건이다.

말을 잘하는 사람은
누구인가?

　　　　　　　말을 잘하려면 어떻게 해야 하는가? 가장 핵심이 되는 방법은 잘 듣는 것이다. 말하는 속도는 1분에 250~300자 정도가 된다고 한다. 듣는 속도는 어느 정도일까? 1분에 1,000~1,500자 정도를 듣는다고 한다. 4~5배 차이이다. 많은 말을 들을 줄 아는 사람은 상대방에 대해 그만큼 많은 정보를 보유하는 것이다. 상대방의 마음을 사고 설득하는 훌륭한 무기를 갖는 것이나 다름없다.

　최고의 설득은 경청에서 시작된다. 지금 당장 머릿속에 내가 제일 좋아하는 사람 세 명을 떠올려 보라. 그들은 말을 많이 하는 사람인가, 내 말을 잘 들어 주는 사람인가? 누가 뭐래도 내 말을 잘들어 주는 사람에게 호감을 느낀다. 어릴 적부터 아버지보다 어머니에게 친밀감을 느끼는 이유는 내 말을 잘 들어 주었기 때문이다.

잘 들어 주는 것만으로도 상대방에게 호감을 줄 수 있다. 매우 경제적인 방법이다. 사람은 입은 하나지만 귀는 두 개를 가지고 있다. 말하기보다는 듣기를 두 배로 하라는 의미이다.

대화하는 동안 호의적인 느낌을 주는 방법은 무엇일까?

첫째는 시선 처리이다. 상대방의 눈을 보며 대화해야 한다. 대화 중에 상대방의 눈을 피하거나 이리저리 다른 곳을 쳐다보면 무엇인가를 숨기는 느낌을 준다. 또한 상대방에게 불안감을 주기도 한다.

그럼 처음부터 끝까지 눈만 똑바로 쳐다보면 되는가? 상상해 보라. 소개팅으로 처음 만난 상대 앞에서 뚫어져라 눈을 쳐다보며 대화한다고 하자. 상대가 얼마나 부담스럽겠는가? 눈과 코, 입 주변과 목 부위를 자연스럽게 돌아가며 쳐다보는 것이 친근감을 준다.

둘째, 상대방의 이름을 불러 주면서 대화하기를 권하고 싶다. 알 듯 말 듯 헷갈리는 사람이 내 이름을 정확하게 불러 주며 반기면 호감이 갑자기 증폭된다는 연구 결과도 있다. 아마 이런 현상을 경험한 적이 몇 번씩은 있을 것이다. 웃으며 인사만 해도 좋은데 이름을 불러 준다고 생각해 보라. 마음이 얼마나 활짝 열리겠는가? 그러고 보면 대화는 관심이다. 상대방의 이름과 포인트 정도만 기억해 두면 관계를 성공적으로 형성해 가는 큰 힘이 된다.

셋째, 손에 무언가를 쥐고 있다면 내려놓으라. 요즘은 스마트폰 없이는 소통이 불가능한 시대처럼 되었다. 거꾸로 생각해 보면 스마트폰으로 인해 대화가 막히는 경우도 많다. 몇 년 만이냐며 반가

위하던 동창생들이 5분도 안 되어 모두가 휴대폰을 들여다보며 침묵을 지킨다. 그런 만남이 무슨 의미가 있을지 의문이 간다.

상대방의 얼굴을 보며 대화해야 할 시간에 손에 들린 핸드폰에서 연신 '카톡' 소리가 울린다면 안 볼 자신이 있는가? 진지한 대화 중에는 의도적으로 상대방이 보는 앞에서 핸드폰을 끄는 행동을 보이는 것이 매너이다. 나에 대한 신뢰감은 급증할 것이다. 상대방에게 집중하겠다는 제스처로 보이기 때문이다.

좋은 말을 했는데도 상대방의 기를 죽이거나 기분 나쁘게 한 적은 없는지 곰곰이 생각해 보라. 표정이나 태도, 목소리에 권위가 들어가 있거나 불편한 감정을 전달했기 때문이다. 좋은 말을 잘못 받아들이게 만드는 것은 나의 책임이다.

말을 잘하는
4가지 방법

　　말 잘하길 원치 않는 사람은 없다. 어떻게 말해야 상대방의 마음을 움직일 수 있는지를 아는 사람은 그다지 많지 않다. 특히 가부장적인 사회의 흐름이 오랫동안 유지되어 온 우리나라에서는 원활한 소통을 위한 대화가 효과적으로 이뤄지지 못한 사례가 많다. 오해를 불러일으키기도 하고, 자신의 의견을 전달하지 못해 가슴앓이를 하기도 한다. 말을 잘하기 위한 구체적인 방법들을 네 가지로 제시하고자 한다.

　　첫째, 핫 버튼hot-button을 찾는다. 휴일에 한가롭게 소파에 누워 TV를 보는 남편에게 열심히 청소하던 아내가 말했다. "여보, 뭐 해?" 이때 남편들의 대답 중에 가장 많은 대답이 "왜?" 아니면 "야구 봐!"이다. 야구를 보고 있으니 사실대로 말한 것이다. 그런데 그 남편들은 왜 저녁을 굶어야 했을까? 여기에 대화의 함정이 있다.

아내가 왜 물어봤을까? 그냥 바쁜지 궁금했을까? 질문이 의도하는 바를 알아차리는 것이 대화의 핵심 포인트이다. 상대방의 말 속에 숨어 있는 핵심을 빨리 파악하고 대응하는 것이 대화의 키워드이다. 대화 만족의 첫 번째 과제이다. 시간에 쫓기는 상황에서의 만남이거나 상대방을 설득해야 하는 상황이라면 구구절절 맴도는 말보다는 핵심을 찌르는 한마디 말이 오히려 설득력이 있다.

둘째, 맞장구를 잘해야 한다. 대화에서 적절한 반응은 상대방의 마음을 연다. 반응을 했는데 반항으로 보이면 관계는 꼬인다. 기술이 필요하다. 원래 맞장구를 친다는 말은 풍물놀이에서 서로 주거니 받거니 하며 장단을 맞춰 장구를 치는 것이다. 그러다 뜻이 변형되어 다른 사람의 말에 덩달아 호응하거나 동의하는 표현으로 많이 사용된다. 맞장구를 치려면 서로의 생각이나 호흡까지도 잘 맞아야 한다는 데서 유래했다.

맞장구는 두 손과 입을 사용하면 더욱 효과적이다. 입으로 하는 추임새에 두 손을 사용하여 적당한 제스처를 가미한다면 상대방의 마음은 더욱 활짝 열릴 것이다. 그러는 사이 대화의 전략과 대응을 신중히 할 수 있어 대화를 매끄럽게 이어 가게 된다.

맞장구를 잘 활용하는 사람은 상대방의 마음을 열게 하고, 경계심을 누그러뜨리며, 동의가 빠르게 되고, 신이 나게 만든다. 대화의 리듬도 살려 준다. 어색한 관계라서 대화가 이어지지 않을까 염려된다면 맞장구를 잘 쳐라. 상대의 마음도, 나의 마음도 열게 하여 대화가 매끄럽게 이어지는 윤활유 역할을 해줄 것이다.

셋째, 2-3-1 화법을 활용한다. 귀가 둘이니 두 번 듣고, 두 손과 입을 합하여 세 번 맞장구를 치고, 입은 하나이니 한 번만 말하라는 의미이다. 두 번 듣고 세 번 맞장구를 치면 상대방은 마음속에 숨겨두었던 이야기까지 하게 된다.

넷째, Yes-But 기법을 적절히 활용한다. 거절을 효과적으로 하는 방법이다. 모든 사람들은 자신의 말에 상대방이 흔쾌히 동조하기를 기대한다. 따라서 일단 동의하는 것이 중요하다. 동의는 하되 거절할 수밖에 없는 상황을 잘 설명하여 상대의 감정이 거슬리지 않게 한다.

거절을 할 줄 하는 사람은 자존감이 잘 형성되어 있는 사람이다. 자신을 존중할 줄 아는 사람은 다른 사람의 요구에 대한 자신의 입장을 정확히 고려하여 가능 여부를 결정한다. 자존감이 약한 사람은 상대방의 기분이 상할까 우려하여 거절을 못 하고 억지로 수락한다. 그러면 상대방에게도 부담을 주고 나는 억지로 하게 되어 불편함이 생긴다. 결과적으로는 관계 형성에 좋지 않은 영향을 미친다. 찜찜하게 수용하는 사람보다 유쾌하게 거절할 줄 아는 사람이 호감을 준다.

나의 공감 능력은
어느 정도인가?

　　아버지가 앞산을 보고 헛기침을 한다. 큰아들이 헛기침 소리를 듣고 발딱 일어나 마당을 쓴다. 둘째 아들은 가방을 둘러메고 학교로 줄행랑을 친다. 셋째 아들은 그냥 잔다. 어떤 상황이 맞을까? 정답은 때마다 다르다. 대인 관계에서 성공의 조건은 공감 능력의 유무이다. 특히 비즈니스 현장에서의 공감 능력은 소통과 고객 감동에서 매우 중요한 조건이다. 공감 능력을 키우려면 어떻게 해야 할까?

　　공감 능력은 상대방이 어떤 감정이나 의도를 가지고 있는지를 알아내는 능력이다. 우선 잘 들어야 하고, 그다음은 리액션이다. 그냥 듣기만이 아니라 리액션까지 해줘야 제대로 경청하는 것이다. 경청과 리액션은 따로 분리할 수 없는 세트이다. 경청은 크게 공감적 경청과 맥락적 경청으로 나뉜다.

공감적 경청은 상대방의 말을 듣고 기분을 알아차려 "그래서 네 마음이 ~했구나" 하고 리액션을 해주는 것이다. 그렇다고 매번 할 수는 없고 추임새로 "아", "음" 등을 섞어 가면서 하면 된다. 맥락적 경청은 상대방이 직접적으로 말하지는 않았지만 가장 듣고 싶은 부분이 무엇인지 알아차리고 리액션을 취하는 것이다. 직장 동료가 몸이 아프다고 하면 공감적 경청으로 "몸이 아파서 많이 힘들겠구나"라고 해준 후, 맥락적 경청으로 "너무 힘들면 휴게실에 가서 쉬거나 조퇴해서 병원에 가 보는 게 좋겠다"라고 말해 주는 것이다.

대부분의 남편들은 아내에게서 아프다고 전화가 오면 "약 사 먹어!"라고 한다. 얼마나 아플까 싶어 안쓰러운 마음에 공감적 경청이나 맥락적 경청을 하기보다는 "몸 관리를 어떻게 했길래 그래?"라고 핀잔이 섞인 말을 하다 '웬수'가 되는 것이다. "머리 아퍼? 많이 힘들지? 약 사서 일찍 갈 테니까 쉬고 있어"라고 공감과 맥락을 다 동원하면 다음 날 반찬이 달라진다.

지금 나의 공감 능력은 어느 수준일까? 공감 지수 테스트로 자신의 공감 능력을 알아보자. 다음의 다섯 가지 항목 중 몇 개나 해당하는가?

★ 아름다운 꽃이나 풍경을 보면 감탄사가 나온다.

★ 버려진 강아지를 보면 불쌍한 마음이 든다.

★ 손수레를 끌고 가는 노인을 보면 가슴이 아프다.

★ 슬픈 드라마를 보면 눈물이 난다.
★ 회사에서 있었던 이야기를 가족에게 자세히 말한다.

다섯 가지라면 공감 능력이 탁월한 수준으로, 매일 다른 반찬을 맛보며 어딜 가나 환영받는다. 세 가지라면 보통 정도 수준으로, 먹고사는 데는 문제가 없다. 두 가지 이하라면 공감 능력이 부족한 수준으로, 생계유지가 걱정된다.

아이들에게 공감 능력에 대한 실험을 했다. 게임에 빠진 아이를 나무라는 어머니의 모습을 그림으로 보여 주고 어떤 상황인지 말해 보라고 했다. 아이들의 대답은 두 가지 양상으로 나왔다. 첫째, "엄마가 게임을 그만하라고 하는데, 아이는 게임을 더 하고 싶다고 해요." 둘째, "아이가 숙제도 안 하고 게임만 하고 있으니까 엄마가 속상해하고 있어요."

첫 번째 아이는 단지 밖으로 드러난 결과만을 이야기한 것이다. 두 번째 아이는 상대의 감정을 읽는 공감 능력이 있는 아이이다. 나타나는 현상만 보면 있는 그대로만 느낄 수밖에 없다. 공감의 마음을 가지고 바라보면 왜 그러는지를 알게 된다. 지금 내 앞에 있는 사람이 이해가 안 된다면 겉으로 드러난 모습만 보지 말고 감정을 공감해 보길 바란다. 공감도 능력이다.

칭찬을 효과적으로
하는 **방법**

★ 칭찬은 부하 지휘에 있어 가장 소중한 자산이다(미 공군 교본).

★ 칭찬은 미녀가 나에게 반하게 만드는 비결이다(도로시 딕스).

★ 우리 주변에는 음식보다 칭찬에 굶주려 있는 사람이 많다(프랭크 티볼트).

★ 칭찬에는 언제나 능력을 키우는 힘이 있다(토머스 드라이어).

세상에는 수도 없이 많은 칭찬과 예찬이 있다. 그만큼 칭찬은 상대방의 마음을 사로잡는 확실한 도구이다. 소중한 칭찬을 더욱 효과적으로 사용하는 방법을 알아보자. 고래도 춤추게 만든다는 파워 있는 칭찬을 하는 방법은 무엇일까?

첫째, 당사자가 없는 곳에서 하라. 옛말에 '칭찬은 없는 곳에서 하고 욕은 앞에서 하라'는 말이 있다. 없는 곳에서 욕을 하면 입에서 입으로 옮겨지며 눈덩이처럼 불어난다. 발도 달리지 않은 욕 덩어리는 천 리를 달려 당사자에게 들어간다. 결국은 실제보다 크게 감정을 흔들어 놓아 큰 싸움이 일어나기 십상이다. 사실 칭찬은 욕처럼 빠른 속도로 퍼지지는 않는다. 하지만 조금씩 증폭되어 당사자에게 들어갈 때는 직접 듣는 순간보다도 큰 감동을 전해 준다.

둘째, 여러 사람이 있는 곳에서 하라. 칭찬은 둘만 있는 자리보다 다른 사람들이 있는 자리에서 하는 것이 더 큰 기쁨을 준다. 훌륭한 일을 여러 사람에게 알리는 목적도 있지만, 칭찬받는 사람의 입장을 배려하는 인상을 심어 줘서 기쁨은 배가 된다.

주의해야 할 점이 있다. 칭찬 당사자는 유쾌해도 함께 있는 다른 사람에게는 불쾌함을 줄 수도 있다. 질투 섞인 뒷말이 오갈 우려가 생기는 것이다. 좋은 칭찬으로 괜히 관계만 불편해질 이유는 없다. 여러 사람 앞에서 칭찬할 때는 왜 칭찬하는지 구체적으로 밝혀 모두가 알게 하는 것이 현명하다.

셋째, 짧고 간단하게 하라. 칭찬은 짧게 하는 편이 좋다. 칭찬이 길어지면 같은 말이 되풀이되기 쉽고, 긴장감이 사라져 의미를 약화시킨다. 긴 말보다는 짧고 강한 행동이 더 큰 감동을 주기도 한다. 고개를 깊게 끄덕여 준다든지 어깨를 두드려 주는 행동은 상대방에게 용기와 힘을 주는 강한 행동 표현이다.

넷째, 즉시 칭찬하라. 칭찬은 아끼지도 말고 기다리지도 말라. 즉시 칭찬하지 않으면 기회를 놓치거나 잊어버리게 된다. 칭찬을 지나치면 보다 크게 발휘될 잠재력에 더 이상의 관심을 보이지 않게 되는 것이다. 즉시 칭찬하면 잠재력을 한 번 더 발휘하도록 영향력을 주게 된다. 칭찬은 타이밍이 생명이다. 보는 즉시, 느끼는 즉시 칭찬하라.

어린 시절 부모님의 칭찬은 평생 기억에 남는다. 어느 날 부모님은 집에 오신 손님과 담소를 나누고 계셨다. 나는 아버지께서 부탁하신 선물 포장을 하고 있었다. "경호에게 뭔가를 맡기면 틀림이 없어요." 손님에게 내 칭찬을 하시는 아버지의 말이 나지막하게 들려왔다. 성인이 되어 힘에 부치는 일을 맡아 벅찰 때마다 내 귓가에는 아버지의 목소리가 들린다. 그 목소리를 기억하며 자신에게 소리 없이 되뇐다. '나는 틀림없는 사람이야.'

지혜롭고 적합한 칭찬은 평생을 이끌어 가는 힘이 되어 준다. 주변을 돌아보라. 나의 칭찬에 힘을 얻어 고개를 들어 올릴 소중한 사람들이 있을 것이다. 등을 가볍게 두드리며 진심 어린 칭찬으로 힘을 불어넣어 보자.

칭찬에도 **역효과**가 있다

            우수한 인재나 유능한 적을 내 편으로 만들려면 칭찬이 최고의 전략이라고 한다. 비단 성공을 위한 최고의 전략이라기보다는 가장 아름다운 전략이기도 하다. 일상의 삶에서도 마찬가지이다. 칭찬은 돈 안 들이며 쌍방에게 모두 기쁨을 주는 최고의 선물이다. 하지만 칭찬 역시 잘못 사용하면 역효과를 얻는다.

    대인 관계에서 칭찬은 선물 중에 최고의 선물이다. 칭찬은 사람을 기분 좋게 만든다. 다만 칭찬을 하면서 특별히 조심해야 할 것이 있다.

    첫째, 지나치게 반복하거나 성의 없는 칭찬은 피하라. 흔한 말로 '영혼 없는 칭찬'이다. 아무리 좋은 말이라도 무분별하게 사용하면 오히려 독이 된다. 칭찬은 반드시 상대방을 위한 사랑과 관심이 담겨야 하며 근거가 있어야 한다. 동시에 구체적이어야 한다. "정말 잘했어"보다는 "이번에 처리한 업무는 정말 좋은 결과를 얻었어"라고 구체적으로 근거를 제시해 주어야 한다. 막연한 칭찬은 형식적으로 느껴진다.

둘째, 직장 상사나 웃어른을 칭찬해야 할 때이다. 사실 웃어른을 칭찬하기란 매우 조심스럽다. 칭찬의 배후에는 좋게 평가했다는 기준이 내포되어 있다. 웃어른을 평가한다는 자체가 자칫 건방져 보이는 인상을 준다. 흔히 "수고하셨습니다", "정말 애쓰셨습니다"라는 표현을 쓰기도 하는데 어느 정도 분별이 필요하다. "감사합니다. 많이 배웠습니다!"라는 표현은 어떤가? 아랫사람으로서 겸손한 마음이 전달되고 상대를 높여 주는 표현이다.

셋째, 처음 만난 사람을 칭찬할 때에는 각별한 신경을 써야 한다. 우리나라는 겸양의 미덕을 중시했던 문화를 가지고 있다. 칭찬하고 칭찬받는 일이 익숙지 않다. 낯선 사람에게 칭찬을 할 때는 '나에게 무슨 속셈이라도 있나?'라는 느낌을 줄 수 있다. 정확한 칭찬의 이유가 있다면 구체적으로 칭찬해 주어야 오해를 받지 않는다.

칭찬을 잘하는 것은 물론 칭찬을 받는 자세도 참으로 중요하다.

첫째, 강한 부정이나 거부는 예의가 아니다. 누가 칭찬을 하는데 "에이, 그럴 리가요. 절대 그렇지 않습니다"라는 식으로 강하게 거부하면 겸손이 아니라 상대에 대한 결례가 된다. 칭찬에 담긴 뜻을 격려로 알고 새기며 진심으로 감사할 줄 알아야 한다.

둘째, 본의 아니게 면박을 주는 경우가 종종 있다. "하도 부장님이 다그치시는 바람에 잘된 거죠, 뭐", "에이, 과장님 잔소리 듣기 싫어서 열심히 하다 보니 그렇게 되었네요" 식의 응대는 칭찬을 받기 쑥스러워 상대방에게 공을 돌린다고 한 말이다. 그러나 잘못 들으면 상대에겐 비난으로 들릴 만한 표현이다. 칭찬은 칭찬으로 감사히 받는 것이 듣는 자들의 필수 자세이다.

남을 칭찬하기에 인색하거나 심리적으로 싫어하는 사람들을 가끔 본다. 그런 사람에게 괴테가 한 말이 있다.

"타인을 칭찬하면 자기가 낮아지는 것이 아니다. 오히려 자기를 상대방과 같은 자리에 올려놓는 것이다."

사람의 말에는 생명력이 있다. 누군가에게 던진 욕이나 저주가 그 사람에게 적용되지 않으면 나에게 돌아온다. 반대로 누군가를 축복하고 칭찬한 것이 그 사람에게 적용되지 않으면 부메랑처럼 나에게 돌아온다. 칭찬의 위력을 알되 바르게 사용하여 활력 넘치는 관계를 형성해야겠다.

친절에는
어떤 것이 있나?

　　　　　　　친절한 사람과 불친절한 사람이 있다
면 누구를 만나고 싶을까? 말을 하나마나 친절한 사람을 만나고 싶
을 것이다. 친절한 사람 역시 친절한 사람을 만나고 싶을 것이다.
내가 친절한 사람을 만나고 싶다면 상대방도 내가 친절하기를 바
란다.

　친절에 대한 일부 오해가 있다. 상대방이 친절해야 한다는 점에
는 100% 동의하면서도 자신이 친절해야 하는 이유를 망각하고 있
다. 식당에 가면 바로 확인이 가능하다. 종업원에게 지시하듯이 반
말하거나 소리 지르는 사람들을 흔히 본다.

　고장난명孤掌難鳴이라고 했다. 손바닥도 마주쳐야 소리가 난다. 기
업이나 관공서가 수십 년간 '친절 봉사'를 외쳐도 고객과 국민이 만
족하지 못하는 이유가 있다. 가끔 백화점 같은 곳에 가면 입구에서

활짝 웃으며 허리를 90도로 숙이고 인사를 하기도 한다. 그러면 '내가 정말 반가운가?'라는 생각이 들어 머쓱해진다. 마음이 불편해지고 고개를 외면하고 싶어진다. 상대방이 90도로 허리를 굽히면서 인사를 하면 나도 친절하게 90도로 화답하는 것이 예의지만, 그러고 싶은 마음이 없기 때문이다.

얼마 전까지만 해도 114에 전화를 걸면 꼭 들려오는 목소리가 있었다. "사랑합니다, 고객님!"이었다. 그럴 때마다 '날 사랑한다고? 난 사랑받으려고 전화한 게 아닌데?'라는 생각이 들었다. 회사 입장에서는 최고의 친절을 베푼다고 여기겠지만, 정작 듣는 고객들은 거북스럽다. 차라리 전화를 받자마자 상냥하게 "어디를 찾으십니까?"라고 응대하는 편이 낫지 않을까? 바쁜데 서로가 시간 절약도 되게 말이다.

불이 나서 소방서에 급하게 전화했다. 신고받는 사람이 정성스럽고 친절하게 "감사합니다. 정성을 다하겠습니다. 어디 소방서 아무개 소방관입니다. 무엇을 도와드릴까요?"라고 한다면 어떨까? 정중하게 인사하는 시간에 다 타 버릴지도 모르겠다.

누구나 쉽게 느끼는 부담스런 친절 행태는 계속되고 있다. 오염되거나 왜곡된 친절이다. 오염된 친절에는 세 가지 종류가 있다.

첫째는 가짜 친절이다. 진짜 속마음과 행위가 다른 형식적인 친절로, 규격화되고 표준화된 언행이다. 억지웃음, 고객을 속이거나 사기를 치기 위한 웃음도 가짜 친절이다. 그나마 다행은 고도의 전략이 아닌 형식적인 가짜 친절은 고객이 쉽게 알아차린다는 것이다.

두 번째는 목적이 있는 친절이다. 휴대폰으로 오는 스팸 전화도 목적 있는 친절이다. 대개 지갑을 노리는 목적으로 걸려 오는 친절이 많다. 문제는 알면서도 넘어가는 사람들이 많다는 것이다.

세 번째는 과도한 친절이다. 처음 보는 사람이나 영업 사원의 과도한 친절은 부담스럽고 경계심을 유발한다. 과잉 친절은 오해를 부르기 마련이다.

어떤 친절이 기분 좋은 친절일까? 상대방의 입장이나 마음을 알아주는 친절이다. 고객이 비를 맞고 들어오면 줄 서서 90도로 인사하기보다 우산 들고 뛰어나가는 자세가 감동을 주는 친절이다. 땀으로 목욕하고 들어오는 영업 사원에게 "얼마나 팔았냐?"고 묻기 전에 시원한 냉수 한 컵 건네주는 상사의 친절에 존경과 충성심이 생긴다.

친절한 태도는
만들어진다

    요즘엔 어디를 가나 친절, 서비스, 고객 만족이란 구호가 유행처럼 걸려 있다. 그렇다면 자기가 맡은 일만 잘하면 되는 것 아닌가? 군이 친절해야 하는 이유가 어디에 있을까? 그 이유를 간단히 세 가지로 정리해 본다.

  첫째, 친절은 대인 관계의 윤활유가 된다. 자동차에 엔진 오일이 없다면 어떤 일이 일어나겠는가? 마찰열로 엔진이 과열되어 망가진다. 대인 관계도 마찬가지이다. 생각이 다른 사람들과 관계를 이어 가다 보면 당연히 마찰이 생길 수밖에 없다. 친절은 마찰열을 식혀 주고 사람과 사람 사이를 매끄럽게 해주는 윤활유 역할을 한다.

  둘째, 친절은 돈이다. 무슨 말인가? 얼마 전 큰 매장에서 직원들의 명찰에 만 원짜리를 꽂아 놓고 밑에다 '제가 친절하지 않으면 만 원을 가져가세요'라고 써 붙였다. 친절이 곧 돈이라는 것이다. 친절한 마음은 모든 사업을 성공으로 이끌어 올리는 역할을 한다.

셋째, 친절은 방법이 아니고 능력이다. 아무리 능력이 뛰어난 사람도 친절하지 못하면 인정받지 못한다. 툭하면 고객과 싸우고 내가 뭘 잘못했냐고 대들기 일쑤인 사람이 업무를 잘 감당하겠는가? 친절은 다른 사람을 기분 좋게 해주기도 하지만, 따지고 보면 자신의 가치를 올리는 매우 중요한 태도이다.

친절한 사람이 되려면 어떻게 해야 할까?

첫째, 잘 꺼내 쓸 줄 알아야 한다. 제아무리 성능이 좋은 컴퓨터라도 저장하지 않은 것은 꺼낼 수 없다. 저장이 되어 있어도 사용하지 않으면 공간만 차지할 뿐 실효성이 없다. 결국은 사람의 심성 문제이다. 맹자는 '불인지심不忍之心'이란 말을 했다. 우물가에 빠진 어린아이를 보고 건져 주지 않을 자가 있겠는가? 기본적인 심성은 인간에게 있기 마련이다. 문제는 얼마나 계속 드러나도록 하느냐이다. 마음에 담긴 심성, 선함에 대해 학습한 것들이 드러나야 상대가 느끼는 친절이 된다.

둘째, 고객을 진짜 가족으로 생각해야 한다. 이제 '고객은 가족이다!'라는 구호는 너무 흔하게 보인다. 참 좋은 말이긴 하나 규격화되고 표준화된 친절 행위를 대하는 고객 입장에서는 진짜 가족 같은 편안함을 느끼지 못한다. 무언가 고객을 대하는 방법이 잘못되었다는 느낌이 든다.

고객을 대하며 첫 번째로 하는 일이 무엇인가? 대부분은 인사이다. 신입 사원이 서비스 현장에 가면 15도, 45도, 90도로 인사하는 훈련을 받는다. 혹시 퇴근하여 집에서 만나는 가족에게 90도 인사를 하는 사람이 있는가? 진짜 가족에게는 절대로 안 하는 인사를 왜 고객에게 하라는가? 왜 '고객은 가족이다!'를 외치는가? 생각해 볼 문제이다.

셋째, 친절한 사람이 되려면 자기 존중감이 높아야 한다. 자신을 귀하게 여길 줄 모르는 사람은 절대로 남을 귀하게 여길 수가 없다. 얼마 전에 전주에 강의를 하러 갔다. 경기가 어려운 상황인데도 택시 기사들이 참 친절하였다. 만약 택시에 올라탄 고객을 몇 천 원짜리 돈으로 생각한다면 그렇게 친절할 수 있겠는가?

27년 이상 활발한 활동을 하던 어느 신문사 기자가 했던 말이 기억난다. 신문사에서 내근을 하고 있자면 하루 종일 수십 통의 전화를 받는다고 한다. 온갖 불평과 조언으로 귓전을 때리는 독자들이 무수하다. 괜히 짜증이 날 만도 하지만 늘 감사하게 생각한다고 했다. 독자이기에 전화를 하고, 자신이 정성을 다한 글을 독자가 읽었기에 전화하는 것이다. 독자가 있기에 자신이 일할 수 있다.

자신의 소중함을 느끼는 사람은 다른 이의 어떠한 말과 행동에서도 내면과 이면을 바라보며 소중하게 느낀다. 거기서 우러나오는 친절은 능력을 입혀 주는 아름다운 옷이다.

신뢰해야
신뢰를 얻는다

'신뢰를 얻었다면 모든 것을 얻은 것이다!'라는 말이 있다. 사회가 복잡해지고 대인 관계의 빈도가 많아질수록 신뢰가 필요하다. 신뢰는 개인이나 기업이나 성공의 핵심 요소이다. 신뢰는 대인 관계의 접착제이다. 나의 접착력은 어느 정도인가?

신뢰란 무엇인가? 동료 가운데 인상이 좋고, 말을 잘하고, 유능하고, 친절한 사람이 있다면 어떤 마음이 드는가? 누구나 그런 사람이라면 함께 일하고 싶을 것이다. 만약 그 사람을 도저히 믿을 수가 없다면 어떨까? 다시 생각해 볼 일이다.

아무리 훌륭해도 신뢰가 없다면 사상누각이다. 신뢰란 어떤 사람이 정직하여 나를 해치지도 않고 속이지도 않을 것이라는 믿음이다. 당연히 남을 신뢰하는 본질적인 의미이기도 하다. 그보다 더욱 중요한 문제는 내가 다른 사람의 신뢰를 얻는 것이다.

신뢰는 한 개인의 정상적인 사회생활에 꼭 필요하지만, 조직이나 공동체도 신뢰의 수준을 높이기 위해 애써야 한다. 그래야 조직이 활성화되고, 구성원의 사기와 충성도도 올라간다. 어찌 보면 당연히 갖추어야 하는 신뢰를 누구나 강조한다. 우리가 신뢰 결핍 사회, 신뢰 상실 사회에서 살고 있어서이다.

신뢰의 힘이 얼마나 클까? 어떤 병원은 환자가 없어 문을 닫는데, 어떤 병원은 의사가 지칠 지경으로 바쁘다. 어떤 식당은 손님이 없는데, 어떤 식당은 번호표를 받고 30~40분씩 기다려야 한다. 이유가 어디에 있을까? 기다려도 절대 후회하거나 손해 보지 않는다는 신뢰가 바탕에 있다.

사람이 살아가고 사회생활을 하며 다양한 관계를 정상적으로 유지하는 것도 정해진 약속을 정확히 지킨다는 전제 아래 가능하다. 마음 놓고 휴일을 즐기는 것도 회사에 가면 내 책상이 그대로 있고, 할 일이 있고, 월급이 반드시 나온다는 신뢰가 있어서다. 실제로 앞서가는 기업들은 직원의 배우자들에게 많은 신경을 쓰곤 한다. 직원들의 가정이 평안하면 성실도가 올라가고 안정적인 직장 생활을 한다. 배우자들을 초청해서 명강의를 듣게 하고 선물을 전하며 회사의 이미지를 좋게 구축해 나가려고 애를 쓰기도 한다. 모두 신뢰를 저축하는 행위이다. 신뢰는 성공과 실패를 결정하는 중심축이다.

신뢰를 구축하려면 속성을 간과하지 말아야 한다. 자기 관리라든지 리더십, 조직의 생산성, 경쟁력 향상의 핵심은 신뢰이다. 자신을 믿는 사람은 자부심을 갖는다. 자부심을 갖는 사람은 자기 관리를 잘한다. 서로 신뢰하는 조직은 소통이 원활하고 비전도 공유한다. 쓸데없는 의심이나 갈등에 에너지를 낭비하지 않는다.

겉으로는 신뢰를 표방하는 기업들도 실제로는 그렇지 못한 경우가 많다. 출근 시간 체크부터가 그렇다. 조직의 구성원을 신뢰할 수 없으니 제시간에 와서 증거를 남기라는 것 아닌가. 감시 기능이 강한 조직은 경쟁력이 떨어지고 불신 문화가 커져 개인도 조직도 발전하지 못한다. 신뢰가 없으면 감시와 통제 비용이 커질 수밖에 없다. 사람은 기대하는 대로 행동한다는 말이 있다. 신뢰는 요청해서 생기는 것이 아니다. 신뢰를 받을 만한 행동이나 태도의 결과로 나타난다.

신뢰의 출발점은 무엇일까?

첫째, 자신에 대한 믿음이다. 자신을 믿으면 무슨 일이든 할 수 있고, 웬만해서는 상처를 받지 않는다. 자신을 믿는 사람이 다른 사람을 믿는다. 그런 사람들이 모여서 신뢰성 높은 조직을 만든다.

둘째, 제발 약속 좀 쉽게 하지 말라. 약속을 못 지키기보다 안 하는 편이 낫다. 약속을 했다면 반드시 지켜야 한다. 스티븐 코비가 한 말이 있다.

"약속을 하고 지키지 않는 것보다 신뢰를 급속하게 떨어뜨리는 행동은 없다. 반대로 약속을 지키는 것보다 확실하게 신뢰를 강화하는 행동도 없다."

신뢰를 얻으려면 먼저 신뢰를 보내야 한다.

좋은 친구를 사귀는
이미지 메이킹

세상에는 세 가지의 친구가 있다. 첫째, 나를 좋아하는 친구. 둘째, 나를 잊어버리는 친구. 셋째, 나를 미워하는 친구이다. '친구 따라 강남 간다'는 말이 있다. 좋은 친구 한 명이 인생을 바꾼다. '좋은 친구는 내 슬픔을 등에 지고 가는 사람'이라는 인디언 속담도 있다. '좋은 친구는 우량 주식, 나쁜 친구는 불량 주식이다'라는 말도 있다. 나는 좋은 친구가 얼마나 있는가?

좋은 친구가 없다면 만들어야 한다. 좋은 친구란 나를 좋아하는 친구라고 하겠지만, 나 역시 상대방에게 좋은 친구여야만 한다. 좋은 친구를 두려면 우선 친구들이 나를 좋아하게 만들어야 한다. 친구들이 나를 좋아하게 만들려면 어떻게 해야 할까? 다른 사람들이 나를 좋아하게 만드는 방법이 이미지 메이킹이다. 구체적으로 다음의 7가지를 실천해 보자.

첫째, 친구의 말을 잘 들어 줘야 한다. 누구든지 내 말을 끝까지 들어 주는 사람에게 호감을 느낀다. 어머니를 좋아하는 이유는 내 말을 잘 들어 주는 분이라 그렇다. 주는 것 없이 얄미운 친구는 말 허리를 싹둑싹둑 자르는 친구이다. 반가운 친구를 만나면 혼자 떠들지 말고 귀담아 잘 들어 줘야 한다.

둘째, 친할수록 말을 조심해야 한다. 친하다고 함부로 말하면 금이 가기 시작하는 유리와 같다. 두 가지 말을 하지 말아야 한다. 먼저 친구의 자존심이나 민감한 부분을 꺼내지 말아야 한다. 걱정해 주는 의미였다고 해도 서로에게 전혀 이득이 없다. 또 하나는 아킬레스건이다. 아무리 화가 나도 친구의 취약한 점을 건드리면 배신감을 느껴 우정이 영원히 깨지고 만다. '친한 친구라도 자기 생각을 전부 말해 버리면 평생 적이 될 수 있다'는 말이 있다. 특히 뒷담화는 금물이다.

셋째, 친구의 입장에서 생각해야 한다. '친하니까 하는 말인데, 그건 네가 잘못한 거다!'라는 식으로 정죄하지 말아야 한다. 듣는 순간에는 이해하고 넘어가지만, 결국 자기를 이해해 주지 않는다는 느낌을 받는다. 잘잘못보다 자신의 처지와 형편을 이해해 주는 친구가 좋은 친구이다.

넷째, 친구에게 투자해야 한다. 경제적인 투자가 아니라 정서적인 투자를 의미한다. 어렵고 힘들면 정서적으로 기대고 의지하고 싶은 욕구가 생긴다. 그럴 때 포용해 주는 친구를 평생 잊지 못한다. 진정으로 좋은 친구를 만들고 싶으면 이해타산을 따지지 말고 투자하되 받을 생각을 하지 말아야 한다. 친구를 위해 손해를 보겠다는 마음이 전제되어야만 가능하다.

다섯째, 먼저 다가가야 한다. 좋은 친구가 없다면 내가 다른 친구들에게 좋은 친구가 되어 주지 못하고 있다는 반증이다. 좋은 친구를 얻기 위해서는 하염없이 기다리지 말고 스스로 다른 사람의 좋은 친구로 다가가야만 한다.

여섯째, 신뢰를 잃지 말아야 한다. 친구와 약속한 것은 반드시 지켜야 한다. 약속을 도저히 지킬 수 없다면 휴대폰 꺼 놓고 잠수하지 말고 약속을 변경하면 된다. 어기기보다는 바꾸는 편이 낫다.

일곱째, 친구와 돈거래를 하지 말아야 한다. 돈이 급하면 은행이나 전당포를 이용하는 것이 차라리 낫다. 그래도 빌려줘야 한다면 빌려주라. 단 빌려주는 순간 잊어야 한다. 돈거래를 안 해서 친구를 잃지는 않지만, 돈거래로 친구를 잃는 경우는 너무도 흔하다.

타인과의 **마찰**을
조심하라

　　사회생활을 하다 보면 타인과의 관계에서 마찰이 빚어지기도 한다. 마찰은 원래 물체의 운동을 방해하는 저항력을 의미한다. 저항력이 클수록 마찰 계수는 높아지고 열이 오른다. 대인 관계에서 나타나는 마찰의 온도를 내리는 방법은 무엇일까?

　　우선 대인 관계에서 마찰이 생기는 원인을 알아보자. 자동차 엔진이 피스톤 운동을 하면 실린더와 피스톤 사이에 마찰이 생겨 열이 발생한다. 마찰을 통제하지 못하면 제아무리 강한 엔진이라도 녹아 버린다. 일정 온도 이상 올라가지 않도록 막아 주는 역할을 하는 냉각수와 윤활유가 반드시 필요하다.

　　대인 관계도 마찬가지이다. 우리가 누군가를 만나서 어떤 일을 도모한다는 자체가 신기한 일이다. 제각기 자라 온 환경이 다르고,

생각과 습관이 다르고, 취향과 감정이 다른 사람끼리 만나 한 가지 목적으로 향한다. 삐걱거릴 수밖에 없는 마찰적 구조이다. 원만한 대인 관계를 위해서 이미지 메이킹이라는 윤활유가 반드시 필요한 것이다.

대인 관계의 마찰로 발생하는 열을 미연에 방지할 윤활유의 종류에는 네 가지가 있다.

첫 번째가 역지사지이다. 자신이 옳다고 생각하는 정답만 주장하지 말라. 상대방의 형편이나 입장도 감안할 줄 알아야 한다. 흔히 "내 말이 틀렸냐?"라는 말을 자주 사용하는 사람들이 상대방의 마찰 계수를 끌어올린다. '내 말이 맞다'보다 상대가 열이 오르고 있다는 사실이 더 큰 문제이다. 개인적인 정답보다 상대의 정서가 더욱 중요하다.

인간관계의 마찰을 줄여 주는 두 번째 윤활유는 미소이다. 다정한 미소와 따뜻한 웃음은 상대방의 마음을 열게 하는 만능 키이다. 서로 웃으면 마음의 거리가 가까워진다. 웃음은 인간관계에서 가장 값싸고도 효과적인 만병통치약이다.

인간관계의 마찰을 줄여 주는 세 번째 윤활유는 온화한 말씨이다. 퉁명스런 말투는 상대방의 마찰 계수를 높이지만, 상냥한 말씨는 마찰 계수를 내려 준다. 말씨와 말투는 근본적으로 다르고 상대적으로도 다르다. 말의 내용보다 어떻게 말하느냐가 중요하다. 옆 사람의 발을 밟았는데, 미안한 표정을 지으면서 "어이구, 미안합니다!" 하는 것과 마지못해 진정성 없이 미안하다고 하는 것은 전혀 느낌이 다르다.

마찰이 생기면 반드시 소리가 난다. 마찰음이다. 고속 도로 위에 홈을 일정하게 파 놓으면 타이어 마찰음이 음악 소리처럼 바뀐다. 잘 조율된 말씨는 상대방에게서 터져 나오는 공격적인 마찰음을 곱게 조절하는 힘이 있다.

인간관계의 마찰을 줄여 주는 네 번째 윤활유는 친절한 태도이다. 대인 관계에서 태도는 해도 되고 안 해도 되는 매너가 아니다. 반드시 해야만 하는 에티켓에 해당된다. 친절한 태도는 마음의 문을 열지만, 불친절한 태도는 마음의 빗장을 채운다. 또한 괘씸죄에 빠지기 쉽다.

성공하는 사람들은 마찰열을 줄이는 나름대로의 무기를 소지하고 있다. 나의 무기는 무엇인지 점검하고 대비해 두어야겠다.

사람들은
왜 **욕**을 하는가?

　　　　　　　　소통 수단 중 가장 저질적인 막장 표현
이 욕이다. 욕은 좋았던 이미지를 급추락시키고 훼손하는 위력이
있다. 화가 나서 욕하는 경우도 있지만, 평상시 말투에서 욕을 감탄
사처럼 사용하는 습관도 문제가 된다. 사람들이 욕을 하는 심리는
무엇일까?

　첫째, 자기애적 현상이다. 잘 모르거나 뚜렷한 증거가 없어도 확
신을 가지고 자신 있게 욕을 하는 태도이다. 거만하고 확신에 찬 모
습으로 보이며, 주변이나 상대방의 입장을 전혀 고려하지 않은 채
거침없이 욕을 하는 경향으로 나타난다. 안하무인의 태도는 생각하
는 대로 믿고 싶고, 보고 싶은 것만 보려는 독선적인 심리가 내재되
어 나타나는 현상이다.

　둘째, 열등감 현상이다. 열등감은 자신이 남보다 못하다는 전제

에서 나타나는 자신감의 훼손이다. 자신감이 훼손되어 있는 상태에서는 나보다 잘되는 타인을 인정하려 하지 않는다. 피해 의식에 사로잡혀 있기가 쉽다. 열등감이 작용하는 상태에서는 시기와 질투를 하거나, 무시하거나, 상대방에게 욕을 하고 대화를 끝내 버리려는 심리가 나타난다.

셋째, 허세적 현상이다. 자신이 상대방보다 강해 보이고 싶은 마음과 인정받고 싶은 욕구가 허세적인 표현으로 나타난다. 강한 억양과 표현으로 욕을 하여 상대방을 두렵게 만들거나 자신이 우위에 올라서고 싶은 심리 상태가 된다. 대개 남에게 인정받고 싶은 심리인 사회적 욕구가 매우 강해서 나타난다. 자신은 공기로 꽉 찬 풍선 홍보물처럼 크고 위압적으로 보일 것이라고 생각하기 쉽다. 하지만 바람이 빠진 풍선처럼 허물어지고 만다.

넷째, 반동 현상이다. 자신의 약점이나 단점, 여린 것을 숨기고 싶어 나타나는 현상이다. 자신의 약점을 위장하려는 의도에서 일부러 욕하는 경우이다. 다른 사람들이 자신을 알아주거나 인정해 주면 솔직하고 진실하게 온순한 양처럼 바뀌는 경향이 있다.

다섯째, 습관 현상이다. 욕을 아무 의미 없이 장난이나 습관처럼 한다. 서로가 욕이 진심이 아님을 알아서 별다른 마찰 없이 지나간다. 그러나 말투에 욕이 섞여 나오면 품격이 사라진 저속한 이미지로 비친다. 욕하는 습관이 바뀌어야만 하는 품격 있는 자리에서는 갑자기 어색해져 표현이 미숙한 사람으로 비칠 수도 있다.

여섯째, 중독 현상이다. 알코올 중독이나 마약 중독처럼 욕도 중독이 된다. 습관이 커져서 중독이 된 상태에서는 반드시 전문가의 치료가 필요하다.

이미지 메이킹을 하는 이유는 무엇일까? 개인의 내적, 외적 이미지를 관리하여 좀 더 나은 퍼스널 이미지를 갖추고자 함이다. 다른 사람과의 소통을 원활히 하여 자신이 추구하고자 하는 이상적인 삶으로 가꾸어야 한다. 무심코 하는 욕은 개인의 이미지를 실추시키며, 다음 만남의 기회조차 갖지 못하는 빌미를 제공한다.

나는 왜 **욕**을 먹는가?

     누군가에게 욕을 먹으면 사람들은 어떠한 반응을 보일까? 욕을 먹는 이유도 제각기 다르고, 욕먹는 스타일도 제각기 다르다. 욕을 먹는 이유를 심리학적 관점으로 보면 크게 네 가지로 구분된다.

  첫째, 내가 남과 다를 때이다. 남과 다르다 함은 미운 오리 새끼처럼 구별되고 있다는 뜻이다. 무엇이 어떻게 다르기에 욕을 먹는지 원인을 찾아야 한다. 다름과 차이를 자연스럽게 이해시키거나 수용하도록 노력해야 한다.

  둘째, 내가 남을 이길 때이다. 경쟁 구도에서 남을 이긴 경우라면 욕먹을 각오를 해야만 한다. 정정당당한 경쟁에서 이겼는데 왜 욕을 하느냐고 대들 이유가 없다. 어떻게 보면 이긴 자체가 욕먹을 짓이다. 패한 사람의 입장과 처지를 생각하면 납득이 갈 것이다. 이겼다고 우쭐거림은 금물이다. 이긴 자에게 요구되는 자세는 오로지 하나, 겸손과 배려심이다.

셋째, 내가 남보다 못할 때이다. 개인적으로 남보다 못하다면 위로를 받을 수도 있다. 하지만 공동체의 대표로서 남보다 못하거나 경쟁에서 졌다면 비난을 받는다. 실수나 미진함을 인정하고 분발하는 자세가 필요하다.

넷째, 내가 남보다 나쁠 때이다. 누구나 자신의 단점이나 나쁜 점은 숨기고 인정하지 않으려는 심리를 가지고 있다. 이때는 욕먹어도 싸다는 소리를 듣는다. 변명하거나 대들지 말고 반성하며 근신하는 자세가 필요하다.

욕을 먹는 스타일도 형형색색 다르게 나타난다. 유형으로 '방어적 유형'과 '공격적 유형'으로 나눌 수 있다.

방어적 유형은 수용형과 회피형으로 나뉜다. 수용형은 자신이 욕먹는 이유를 인정하고 반성하여 자기 개선의 효과가 나타난다. 욕이 약이 되는 경우이다. 회피형은 자신에게 욕하는 것을 인정하지 않는다. 욕먹는 이유를 다른 사람에게 반사하거나 투사하는 행동을 보인다. 이러한 사람의 주변에는 늘 억울한 사람이 많아진다.

공격적 유형은 자학형과 반발형으로 나눌 수 있다. 자학형은 욕을 먹으면 반성하거나 뉘우치기보다 자기 비하나 자괴감에 빠져 괴로워하는 스타일이다. 정서적으로 우울감에 빠지기 쉽다. 감정적으로 받아들이기보다 욕먹는 이유를 논리적으로 찾아보는 노력이 필요하다. 반발형은 욕먹는 것을 도저히 참지 못할 모욕으로 여겨 같은 질량 이상으로 되갚으려고 하는 스타일이다. 과민 반응으로 분노를 키우지 말고 웃어넘기는 아량을 키워야 하겠다.

　욕을 먹는 태도도 제각기 다른 반응으로 나타난다. 욕을 먹기보다 칭찬과 박수를 받도록 타인을 이해하는 넓은 아량을 갖추어야 겠다. 겸손과 배려로 타인의 입장과 처지를 생각해야 하는 것은 물론이다. 때로는 반성하고 근신하는 자세로 불편한 상황을 만회하도록 이미지 메이킹을 하는 것이 최선의 방책이다.

완벽한 **소통**을 부르는
5통 세트

현대인의 성공적인 삶을 위한 키워드 중 하나가 소통이다. 사회생활에서 소통보다는 불통을 많이 경험하다 보니 더욱 절실하게 요구되는 키워드가 되고 있다. 대인 관계를 성공적으로 만들어 가려면 반드시 완벽한 소통이 요구된다. 완벽한 소통을 부르는 다섯 가지 요소는 다음과 같다.

첫 번째는 방통傍通이다. 방통이란 두루 '방', 통할 '통' 자를 써서 '자세하고 분명하게 안다'는 뜻이다. 소통이 시작되기 전에 대화를 나눌 안건에 대해 분명한 자료를 확보해 놓아야 한다. 예기치 않게 나올 질문까지 대비한다면 금상첨화이다. 철저한 준비 없이 목적에 급한 대화를 시도하면 소통은커녕 낭패이기 쉽다.

방통의 반대 의미가 '꼴통'이다. 우리말 사전에 '머리가 나쁜 사람을 속되게 이르는 말'로 풀이되어 있다. 꼴통 소리를 듣지 않으려면 미리 공부해야만 한다.

두 번째는 감통感通이다. 느낄 '감', 통할 '통' 자를 쓴다. 서로를 향한 정서적인 통로가 파이프라인처럼 연결되어야 한다는 뜻이다. 정서적인 통로는 상대방에 대한 관심과 호의적인 세심함에서 나온다. 상대방의 요구나 필요성을 미리 간파하고 있어야 한다. 그래야만 서로에게 필요한 것을 기분 좋게 제공한다. 거절해야 할 입장이 되더라도 지혜롭게 처신할 수 있다.

감통의 반대 의미는 '호통'이다. 상대방의 정서를 무시하고 혼자만의 기분으로 크게 꾸짖거나 지시하는 것이다. 호통을 치는 사람은 속이 시원할지 모르나 듣는 사람은 대화 의욕과 동기를 상실한다.

세 번째는 상통相通이다. 서로 '상', 통할 '통' 자를 써서 서로 막힘 없이 길이 트이고 뜻이 통함을 말한다. 일맥상통一脈相通이라고도 표현하는데, 가치 있는 정보를 주고받는 GIVE & TAKE 상태를 말한다.

상통의 반대 의미는 꽉 막힌 '먹통'이다. 먹통은 구조적인 불통 상태를 말한다. 반드시 뚫어야 한다.

네 번째는 능통能通이다. 능할 '능', 통할 '통' 자를 쓴다. 보통 이상으로 잘하고, 꿰뚫어 통하고, 왕래가 잘된다는 뜻이다. 소통에 필요한 여러 가지 테크닉이 강화되어야 한다.

능통의 반대 의미는 '열통'이다. 소통의 테크닉이 부족하면 만나면 만날수록 열통만 터진다.

마지막 다섯 번째는 형통亨通이다. 형통할 '형', 통할 '통'자를 써서 '모든 일이 뜻대로 잘되어 감'을 말한다. 소통의 완성이 형통이다. 만사형통萬事亨通은 소통에서 시작된다. 시간과 돈과 정성을 들여 애써 만났는데 서로에게 성과가 부실하다면 만사형통은 온데간데없게 된다. 결국 '울화통'만 터지고 만다.

소통의 5종 세트인 방통-감통-상통-능통-형통으로 이어지는 '소통 라인'을 만들어야 한다. 그렇지 않으면 '꼴통-호통-넉통-열통-울화통'이라는 '불통 라인'이 형성된다.

소통을 돕는
다섯 가지 손

　　'손' 하면 우선 오른손과 왼손의 역할을 생각한다. 일반적으로 오른손은 힘을 상징하기도 하지만, 다른 사람과의 관계를 형성하는 통로 역할도 한다. 왼손은 소리 없이 돕는 역할, 즉 신뢰를 구축하는 역할을 한다. 오른손과 왼손을 역할에 알맞게 풀가동하면 '오손도손'한 소통이 된다.

　　소통을 돕는 다섯 가지 손 중에서 첫 번째 손은 오른손이다. 누군가를 만나면 손을 들어 반가움을 표시하거나 오른손을 내밀어 악수를 한다. 상대방과의 신체 접촉이 제일 먼저 이루어지는 곳이다.

　　악수는 오른손을 펴서 '내 손에 무기가 없다'라는 사실을 나타내는 것에서 유래되었다고 한다. 경례를 하거나 안내를 하거나 선물을 건네거나 모두 오른손을 내민다. 오른손은 소통의 가교 역할을 한다. 삿대질이나 주먹질 등 오른손을 잘못 사용하면 소통은커녕 저질 품격이 들통나면서 '산통'이 깨진다.

소통을 돕는 두 번째 도구는 왼손이다. 왼손은 오른손이 하는 일을 돕거나 거들어 주는 역할을 한다. 조연이 없는 주연은 보는 사람마저도 맥 빠지게 한다. 악수를 하며 왼손을 내밀면 결례가 되듯이 오른손이 나설 일에 왼손이 나서면 소통을 망가트리기도 한다.

소통을 돕는 세 번째 도구는 겸손이다. 겸손이란 남을 존중하고 자기를 내세우지 않는 태도이다. 겸손을 뜻하는 영어 'humility'는 흙을 뜻하는 라틴어 'humus'에서 유래했다고 한다. 흙처럼 모든 생명을 위해 지원하고 헌신한다는 의미이다. 아랫사람이 겸손하기보다는 힘 있는 윗사람이 겸손하기가 더 어렵다. 지위가 높을수록 겸손의 미덕이 돋보이는 법이다. 소통에서 겸손이 빠지면 인격의 '파손'이 힘을 쓴다.

소통을 돕는 네 번째 도구는 공손이다. 말이나 행동이 겸손하고 예의 바르다는 뜻이다. 공손은 먼저 생각에서 시작되어야 한다. 생각이 공손해야만 태도가 공손해지고, 태도가 공손해야만 관계가 공손해지고, 공손한 관계에서 소통이 향기롭게 된다. 소통 가운데 공손이 자리를 비우면 곧바로 '불손'이 차지해 버린다.

소통을 돕는 다섯 번째 도구는 약손이다. '엄마 손은 약손'이란 말을 기억할 것이다. 엄마 손이 진짜 약손이라는 사실은 미국 마이애미 의과대학 피부접촉센터의 연구 결과에서 밝혀졌다. 소통에서 격려와 배려로 상대방의 아픔을 어루만지는 것이 엄마 손 역할을 한다.

엄마 손의 반대말이 뭘까? 박완서의 소설에도 나오는 '가시손'이다. 가시손은 공격적인 돌직구이다. 상대방의 가슴팍을 긁거나 찌르는 날카로운 손이다. 약손이 아닌 가시손 역할을 하면 관계에 상처가 생긴다.

소통을 돕는 다섯 가지 손을 정리해 보자. 첫째, 소통의 통로인 오른손을 잘 내밀어야 한다. 둘째, 소리 없이 돕는 왼손을 풀가동해야 한다. 셋째, 남을 존중하는 겸손을 생활화해야 한다. 넷째, 예의 바른 공손의 자리를 깔아야 한다. 다섯째, 상대방의 아픔을 약손으로 어루만져야 한다. 그래야 비로소 공감 소통, 배려 소통, 존중 소통, 섬김 소통이 완성되는 것이다.

공감 소통, 배려 소통,
존중 소통, 섬김 소통

　　　　　　　　우리 사회 곳곳에서는 '불통'이라는 말
이 만연하고 있다. 가족 관계도 마찬가지로 불통으로 막혀 있다. 파
이프라인이 막혀서 물이 역류하듯이 소통 라인이 막혀서 나타나는
관계의 역류 현상이다. 소통 라인을 뚫어서 갈등의 원인을 제거하
고 유쾌한 관계의 공감대를 형성하는 노하우가 필요하다.

　대인 관계의 역류 현상을 시원하게 뚫어서 관계의 공감대를 형
성하는 것이 공감 소통이다. 공감이란 무엇인가? 사전에는 '남의
감정, 의견, 주장 따위에 자기도 그렇다고 느끼는 기분'이라고 되어
있다. 그러면 상대방의 말을 100% 듣고 느꼈다면 공감인가.

　공감 소통이란 상대방에게서 들리는 말뿐만 아니라, 말하고자
하는 의도까지 알아듣는 것이다. 말 너머의 말에 집중해야만 의도
를 알아차릴 수 있다. 말이 통하는 최고의 관계는 상대가 말하고자

하는 의도까지 모두 알아듣는 것이다.

공감 소통이 말하고자 하는 의도까지 제대로 알아듣는 '들리는 말'이라면 배려 소통은 '보이는 말'이다. 입으로 나오는 말 외에 표정이나 제스처, 자세와 태도 등을 통해 전달되는 비언어적인 메시지까지 포함된 소통이다. 배려 소통은 귀로 충분히 알아듣고 눈으로 쉽게 이해하도록 정성껏 도와주는 보이는 말이다. 배려 소통의 목적은 감사한 마음이 배어 나오도록 하는 것이다.

공감 소통이 귀로 듣고 가슴으로 이해하는 라디오라면, 배려 소통은 상대방이 완전히 이해하고 공감할 때까지 보이는 말로 도와주는 TV와도 같다. 배려는 '도와주거나 보살펴 주려고 마음을 쓰는 것'이다. 충분히 이해할 때까지 도와주고 보살피고 정성을 쏟아서 상대방이 감사한 마음에 이르도록 하는 소통 방법이다. 상대방이 귀와 눈으로 오해할 만한 것을 가려내어 쉽게 이해하도록 표현하는 방법이 배려 소통이다. 배려 소통을 잘하려면 다음 네 가지를 고려해야 한다.

첫째, 상대방의 수준을 고려해야 한다. 상대방의 지적 수준이 낮은데 어려운 용어를 사용하거나, 반대로 품격이나 수준이 아주 높은데 저급한 용어를 사용하면 소통을 거부당한다. 강연장이나 TV 강의에서 툭하면 외래어를 사용하거나 어려운 단어만을 즐겨 사용하는 강사들을 본다. 마치 자신의 수준이 이 정도라고 뽐내는 느낌이 든다. 사실 자기만족에 지나지 않는다. 누구나 쉽게 알아들을 용어를 사용해야 한다는 강의의 기본을 망각한 행위이다.

둘째, 상대방의 정서를 고려해야 한다. 시험을 치르고 풀이 죽어서 나오는 아이에게 몇 점 맞았느냐고 다그치면 "우리 엄마 맞아?" 소리를 듣는다. 누구나 인정하는 정답보다 중요한 것이 상대방의 정서이다.

셋째, 상대방의 형편을 고려해야 한다. 가끔 장례식장에서 오랜만에 반가운 사람을 만났다고 큰 소리로 웃고 떠드는 사람을 본다. 그 사람의 수준은 차치하고, 함께 있는 다른 사람들까지 가슴 아픈 일을 당한 상주에 대한 민망함으로 몸 둘 바를 모르게 한다. 내 기분, 내 형편보다 상대방의 기분과 형편을 고려하는 배려가 중요하다.

넷째, 기다림을 고려해야 한다. 상담학에서는 말하기의 반대말이 듣기가 아니라 기다려 주기라고 한다. 무슨 의미인지를 상대방이 듣고 보고 이해할 때까지 기다려 주기가 배려이다. 배려는 감사를 부른다.

공감 소통과 배려 소통보다 한 수준 높게 감동을 추구하는 방법이 존중 소통이다. 존중이란 '높이어 귀중하게 대한다'는 뜻이다. 존중 소통은 상대방의 인격이나 생각, 행동 등을 그대로 인정하고 높이면서 상대방이 듣고 싶어 하는 '숨어 있는 말'을 발견하는 방법이다. 그러면 상대방이 감동한다.

존중 소통의 노하우는 무엇인가? 건물을 지으려면 먼저 터를 닦는다. 존중 소통을 하려면 반드시 제거해야 할 두 가지가 있다.

첫째는 우월감이다. 상대방과 대화하며 습관적으로 발생하는 감정 상태이다. 특히 직장 내에서 많이 나타난다. 직급이 높은 사람이 낮은 사람을 대하며 범하기 쉬운 잘못이다. 우월감에는 상대방이 나보다 열등하다는 전제가 깔려 있다. 진정한 소통이 불가능할 수밖에 없는 갑을 관계의 구조가 된다.

"김 대리, 오늘 바쁜가? 아무리 바빠도 퇴근 전에 이거부터 처리해 놓도록. 알았나?"

차라리 바쁘냐고 묻지나 말지. 부하 직원에 대한 존중이 아니라 완전히 무시하는 태도이다. 불만과 불평이 팽배해져 고객 감동은커녕 지시한 대로 업무 처리도 안 된다.

둘째는 열등감이다. 열등감은 공격성이나 후퇴 경향을 나타낸다. 다른 사람을 무시하는 공격성이 나타난든지, 아니면 자신을 무시하는 자기 비하나 열등함을 숨기려는 의도에서의 방어 기제가 드러난다. 당연히 원만한 소통이 이루어질 수 없다. 열등감이 전제된 상대방 존중은 진정한 존중이 아니다. 자기 비하가 함의된 위장된 존중일 가능성이 있다. 열등감은 반드시 제거해야만 한다.

우월감과 열등감을 제거한 후에는 상대방이 듣고 싶어도 차마 말하지 못하는 것을 발견하여 감동을 부르는 요소를 찾아내야 한다.

첫째, 상대방을 인격적으로 인정해야 한다. 사람마다 성향과 취향이 다르다. 누군가는 치킨을 좋아하고, 누군가는 피자를 좋아한다. 나와 생각이나 취향이 다르다고 이상하게 보거나 무시해서는 안 된다. 상대방을 인정하지 않는 상태에서는 어떠한 소통 기법도 무용지물이 된다. 대화의 기법이나 스킬이 다소 미흡해도 상대방을 인격적으로 인정하고 존중하는 마음으로 대하면 상대방이 감동한다.

둘째, 상대방의 장점을 찾아낸다. 인간은 누구나 장단점을 가지고 있기 마련이다. 내 눈에 상대방의 장점이 보이지 않는다고 장점이 없는 것이 아니다. 못 찾아내는 나의 관찰력에 문제가 있다. 그것이 아니라면 찾아내려는 의지가 없거나 아예 찾기가 싫은 심리일 가능성이 크다. 옛말에 '아내를 사랑하면 처가의 강아지도 예뻐 보인다'는 말이 있다. 상대방을 진정으로 존중한다면 상대방의 단점보다 장점이 많이 보여야 한다. 아무리 보아도 단점만 자꾸 보인다면 상대방을 존중하지 않고 무시하거나 비하하고 있다는 증거이다.

셋째, 자신을 존중한다. 상대방을 믿는 가장 기본적인 조건은 자신을 믿는 것이다. 스스로를 믿지 못하면 남을 믿을 수가 없다. 요즘 우리 사회가 불신으로 가득 차 있는 이유도 자신을 믿지 못하는 사람이 많기 때문이다. 자기 신뢰가 자기 존중의 시작이다. 타인 존중은 자기 존중에서 출발한다. 존중의 종착역은 감동이다.

공감 소통은 들리는 말로 유쾌한 소통이 가능하고, 배려 소통은 보이는 말로 감사한 마음이 생기고, 존중 소통은 숨어 있는 말로 감동을 제공한다. 섬김 소통은 아예 있지도 않은 말, 듣고 싶은 생각조차 하지 못하는 '없는 말'을 발견하고 베풀어서 뜻밖의 감격을 선사한다.

섬김이란 신이나 윗사람을 잘 모시어 받든다는 뜻이다. 섬김 소통은 아무런 요구가 없는 상태에서도 상대방에게 무엇이 필요한지를 직감하여 미리 준비하고 제공해 주는 소통이다. 마치 아이가 어디가 아프단 말을 하지 않아도 밤을 새워 간호하며 간절하게 기도하는 어머니의 헌신 같은 행동과 같다. 예기치 못했던 섬김을 통해 상대방은 감격하는 것이다.

물론 네 가지의 소통 말고도 불통과 비통에 가까운 좋지 않은 소통들도 난무하는 세상이다. 여기서는 쓰레기 같은 소통 방법들은 거론할 가치가 없어서 그냥 묻어 두기로 한다. 지금까지의 네 가지 소통 방법은 상대방에게 유쾌함, 감사함, 감동, 감격을 선사하는 역할을 한다. 하지만 원치 않게 오해가 발생하면 심각한 문제가 나타난다.

첫째, 유쾌한 소통의 첫 번째 조건인 '들리는 말'에 오해가 생기면 반감 소통이 나타난다. 비즈니스 현장에서 고객과의 사이에 나타나는 거의 모든 불통의 주범이 여기에서 시작된다.

둘째, 감사한 소통인 '보이는 말'에 오해가 생겨서 상대방의 눈빛, 얼굴 표정, 몸짓, 말투, 억양 등 보이는 사인을 무시하면 배제 소통이 나타난다. 보이는 소통의 오해로는 휴대폰 문자도 한몫을 한다. 퇴직을 한 남편이 등산 갔다가 돌아오면서 아내에게 '여보! 사랑해'라고 휴대폰 문자를 보냈다. 집에 도착하니까 아내는 문도 안열어 주고 화부터 냈다. 아내의 휴대폰엔 '여보! 사망해'라고 씌어 있었다. 보이는 말은 글자 하나라도 신경을 써야 하고, 이해하려는 노력도 요구된다.

셋째, 감동 소통인 '숨어 있는 말'에 오해가 발생하면 꾸중 소통이 나타난다. 직원들이 슬럼프에 빠지면 원인을 점검하지 않고 다짜고짜 잔소리나 핀잔부터 하는 상사가 여기에 속한다.

넷째, 감격을 선사하는 '없는 말'을 전혀 신경 안 쓰고 살다 보면 서로에 대한 감성이 무뎌지고 기대 심리가 사라지기 십상이다. 그런 관계가 지속되면 서서히 서운한 감정이 앙금처럼 쌓이다가 결국에는 홧김 소통이 폭발한다. 나를 제외한 모든 사람은 고객이다. 고객이 내게 말하지 않는 '없는 말'을 찾아내는 연습을 하면서 감격의 씨앗을 하나하나 심어 가다 보면 소통으로 맺어진 아름다운 관계의 열매들을 거둘 때가 틀림없이 다가올 것이다.

PART 3

이미지 메이킹,
3단은 성공

대박의 조건

       최근 대박이란 단어가 유행처럼 사용되고 있다. 대박이란 '어떤 일이 크게 이루어짐을 비유적으로 이르는 말'이라고 사전에 풀이되어 있다. 대박을 얻는 조건은 무엇일까?

  젊은이들에게 대박이 무엇이냐고 물으면 서슴없이 "로또 1등 당첨이요!"라는 대답을 한다. 그것은 대박이 아니고 요행이다. 자신이 일궈서 크게 성공하는 것과는 전혀 상관이 없다. 박은 본인이 심어서 쓸모 있게 키워야 한다. 흥부네 박처럼 누가 가져다주는 것이 아니다.

  대박이 어떤 일을 심고 가꿔서 크게 이루는 일이라면, 이미지 메이킹은 바람직한 대인 관계를 통하여 개인이 추구하는 목표를 이루는 일이다. 대인 관계를 통한 목표 달성이 이미지 메이킹의 완성,

즉 대박이라는 뜻이다. 반대로 대인 관계를 통한 목표 달성의 실패는 이미지 메이킹의 실패, 즉 쪽박이라는 공식이 나온다. 그렇다면 이미지 메이킹으로 대박을 얻는 조건은 무엇인가? 인생에서 성공이라는 대박을 얻으려면 최소한 다음 일곱 개의 박을 심고 키워야 한다.

첫 번째 박은 '해박'이다. 어떤 일을 하든 자신이 맡은 분야에서 누구보다도 전문 지식이 해박해야 한다. 해박은 성공의 지붕 위에 첫 번째로 열려야 할 박이다. 전문성의 희박은 쪽박을 부른다.

두 번째 박은 '꼬박'이다. 꼬박은 신념과 의지를 말한다. 맡은 일을 하루도 빠짐없이 꼬박꼬박 해내야 한다. 깜박은 쪽박의 신호등이다.

지식을 뜻하는 해박과 의지를 뜻하는 꼬박은 이미지 메이킹의 요소 중 내적 이미지인 본질에 해당한다.

세 번째 박은 '함박'이다. 대인 관계에서 성공하려면 다른 사람들에게 보이는 얼굴 표정에 함박웃음같이 밝고 따뜻한 친밀감이 있어야 한다. 친밀감은 인간관계에서 자연적으로 생길 수밖에 없는 마찰과 거부감을 매끄럽게 하는 윤활유 역할을 한다. 척박한 표정은 쪽박의 그늘이다.

네 번째 박은 '금박'이다. 귀하고 값진 물건일수록 가치를 보존하거나 돋보이게 금박을 입혀 놓는다. 사람도 마찬가지로 겉으로 표현되는 용모를 신분과 역할에 맞도록 빛나게 연출할 필요가 있다.

사치와 허세를 위함이 아니라 자신의 진정한 가치를 제대로 알리기 위함이다. 쪽박과 가까운 사람들의 용모는 늘 천박하다.

다섯 번째 박은 '쌈박'이다. 쌈박이란 '시원스럽게 마음에 들다'라는 뜻이다. 대인 관계에서 언어와 행동이 쌈박해야만 원활한 소통이 가능해진다. 언행이 투박하면 주변 사람들이 사라진다.

함박은 표정을 의미하고, 금박은 용모를 나타내며, 쌈박은 언행을 뜻한다. 세 가지는 이미지 메이킹의 요소 중 외적 이미지인 현상에 해당한다.

여섯 번째 박은 '순박'이다. 순박이란 '거짓이나 꾸밈이 없이 순수하고 인정이 두텁다'는 뜻이다. 순박한 사람은 다른 사람에게 배려하는 이미지를 풍긴다. 상대방을 위해 먼저 손해를 자청하는 사람이다. 사람들은 누구나 스스로 손해를 보는 사람을 좋아한다. 되로 주고 말로 받는다는 말도 있고, 성경에는 '대접받고 싶은 대로 먼저 대접하라'는 구절도 있다. 순박은 대인 관계의 황금률이다. 야박은 쪽박의 속껍질이다.

마지막 일곱 번째 박은 '단박'이다. '쇠뿔도 단김에'라는 말처럼 맡은 일이나 약속은 미적거리지 말고 단번에 완수해야 한다.

순박과 단박은 이미지 메이킹의 요소 중에서 사회적 이미지인 관계에 해당된다.

전문 지식은 해박, 신념과 의지는 꼬박, 얼굴 표정은 함박, 용모 복장은 금박, 언어와 행동은 쌈박, 자세와 태도는 순박, 업무 수행은 단박이다. 일곱 가지 박을 잘 지키면 자신의 분야에서 대박을 얻는다. 대박을 놓치면 쪽박이 오고 만다.

습관을 세팅하라

삶에서 습관이 미치는 영향은 백 번을 말해도 아깝지 않다. 습관이 한 사람의 외형적인 모습까지 만들어 간다면 믿겠는가? 캐나다 온타리오 주에 있는 과학 센터에서 재미있는 프로그램을 개발했다. 습관이 얼마나 중요한지 알게 해주는 흥미로운 결과를 얻었다고 한다.

여섯 살에서 성인까지 어떤 한 사람의 얼굴 사진을 모은 다음, 식습관이나 생활 습관을 입력하면 76세까지 변해 가는 모습을 볼 수 있었다. 실험자의 습관을 바꾸어 입력하면 미래의 얼굴이 바뀌었다. 결국은 생활 습관이 미래의 얼굴을 만들어 간다는 결과이다. 예를 들면, 왼쪽 턱을 괴는 습관이 있는 사람은 얼굴 좌우가 비대칭으로 변한다. 한쪽으로 기대어 앉는 습관이 있는 사람은 척추 측만증이 생기는 것과 같은 이치이다.

이처럼 중요한 습관을 바꿀 수는 있는가? 습관이란 같은 상황에서 반복된 행동이 안정화되고 자동화된 것이다. 습관이 생기는 원인은 자신이 좋아하는 것을 반복하려는 심리와 익숙한 것에서 벗어나기 싫어하는 심리가 작용하기 때문이다. 처음에는 자신이 습관을 만들지만, 나중에는 습관이 자신을 만들어 간다. 앞에서 언급했듯이 습관은 물리적인 모습조차 바꾸어 가는 강한 힘이 있다.

습관을 바꾸는 공식이 있다. 윌리엄 제임스가 한 말이다.

"생각이 바뀌면 행동이 바뀌고, 행동이 바뀌면 습관이 바뀌고, 습관이 바뀌면 인격이 바뀌고, 인격이 바뀌면 인생이 바뀐다!"

결국 잘못된 습관을 바꾸려면 생각부터 바뀌어야 한다. 의도적으로 반복된 행동을 끊어 내며 하지 말아야 한다. 습관이란 존재는 깨지 않으면 자라나는 습성까지 있다. 정말 괴물과도 같은 무서운 존재가 아닌가.

의지로 습관을 바꾸어 냈던 역사 속 유명한 일화가 있다. 김유신 장군이 늘 타고 다니던 애마의 목을 베어 버렸던 이야기이다. 습관을 바꾸는 사례로 가장 적합하다. 애꿎은 애마만 죽였다고 뭐라 하는 사람들도 있겠으나, 그렇지 않으면 자신의 의지로 습관을 잘라내기 어려웠을 것이다.

나쁜 습관을 고치는 최선의 방법은 어느 날 갑자기 고치는 것이다. 조금씩 줄여 가면서 고쳐야지 하다 보면 실패해서 제자리로 돌아오는 경우가 많다. 어느 날 마음먹고 갑자기 바꾸는 사람이 성공률이 높다. 오늘부터라도 고치고 싶은 습관을 찾아서 당장 바꿔 보자. 그럼 습관을 바꾸기 위한 구체적인 방법은 무엇일까?

첫째, 의도적으로 좋은 생각을 하는 습관을 가져야 한다. 아무리 어려운 일이 있더라도 최대한 긍정적인 생각을 유지해야만 한다. 그래야만 마음이 평화로워지고 좋은 행동으로 연결된다. 그런 행동이 반복되어야 습관으로 굳어진다.

둘째, 세팅을 잘해야 한다. 반드시 한다는 결심과 함께 주변 환경과 상황을 세팅해야 한다. 아침 일찍 일어난다고 결심했으면 우선 알람을 여러 개 맞추고 식구들에게 무조건 깨워 달라고 해야 의지를 실현한다.

셋째, 열외를 없애야 한다. 계획대로 반드시 진행하라. 핑계를 만들기 시작하면 실패했다고 단정 지어도 된다. 오늘은 추우니까, 비가 오니까, 피곤하니까 하는 핑계는 실패를 향한 지름길이다.

태도는 **성공**의
필수 과목이다

     성공적인 인생에서 인간관계가 아주 중요한 몫을 한다는 사실은 누구도 부인할 수 없다. 원만한 인간관계의 형성에는 사람을 대하는 태도가 큰 몫을 한다. 다른 사람들에게 비치는 태도는 곧 자신의 신분과 역할 결정에 매우 중요한 단서가 된다.

    사람을 대하는 모습을 두고 '친근하다, 성실하다, 겸손하다, 따뜻하다'라는 표현을 많이 한다. 반면 '불손하다, 거칠다, 차갑다'라는 말들도 심심치 않게 쓴다. 모두 태도에서 느끼는 표현들이다. 그러고 보면 자신의 가치를 높이는 것, 나아가 상대방의 마음을 움직이는 중요한 키 중의 하나가 사람을 대하는 태도라고 하겠다.

    사회생활에서 태도가 얼마나 중요한지는 좋은 태도를 필요로 하는 배경과 구조를 이해하면 알게 된다. 모든 공동체가 구성원들에게 요구하는 것이 있다. 돈을 내라, 돈이 없으면 땀을 내라, 돈도 땀도 없으면 사표를 내라. 이 세 가지는 공동체에 소속된 구성원이라면 반드시 내야만 하는 냉엄한 요구 조건이다.

이해하기 쉽게 직장인의 예로 설명해 보자. 대주주가 아닌 다음에야 돈은 내는 입장이 아니라 벌어야 하는 입장이다. 직장인들이 새벽부터 부지런히 사표를 내러 출근하는 것은 아니다. 회사를 구성하는 직장인들이 낼 것이라곤 땀밖에 없다. 땀이란 개인의 고유한 능력을 의미한다. 직장인이 발휘해야 할 능력은 세 가지이다.

첫째, 대인 관계 능력이다. 동료나 고객과의 관계를 어떻게 하느냐가 직장 생활의 승패를 좌우하는 열쇠이다. 대인 관계 능력이 떨어지면 업무 수행이나 문제 해결에 무리가 따른다.

둘째, 업무 수행 능력이다. 자신에게 맡겨진 업무를 얼마나 신속하고 정확하게 수행하느냐가 개인의 성과와 조직의 목표 달성에 크게 영향을 끼친다.

셋째, 문제 해결 능력이다. 인생살이 자체가 문제 해결의 과정이다. 직장에서 일을 한다는 자체도 문제를 해결하는 과정이다. 봉착한 문제를 어떻게 해결하느냐가 직장인의 능력 기준으로 평가된다.

대인 관계 능력, 업무 수행 능력, 문제 해결 능력을 발휘하려면 반드시 필요한 세 가지가 있다. 각각의 능력에 따른 지식과 기술과 태도이다.

지식은 무엇인가? 단시간 내에 습득하기에는 어려운 과제이다.

살아오는 동안 학습으로 형성된다. 기술은 또 어떠한가? 한 분야의 전문적인 기술을 습득하려면 오랜 시간 동안의 반복과 훈련이 필요하다. 태도는 다르다. 마음먹는 즉시 행동으로 나타낼 수 있다. 태도란 외부의 자극을 수용하는 틀이다. 내면에 있는 틀의 모양에 따라 행동으로 외부에 표출된다.

태도가 습관이 되고 인격으로 형성되기까지 장시간이 걸린다지만, 시작은 지금 당장 행동함에 달려 있다. 지식과 기능이 아직은 미흡한 신입 사원이라면 태도가 평가 점수와 직결된다. 태도가 자신의 가치를 올리고, 나아가 공동체 내에 활력과 힘이 된다. 공동체의 능률과 실적을 올리는 데도 직접적인 역할을 하는 것이다. 자신의 태도가 다른 사람들에게 어떻게 보이는지 점검할 필요가 있다.

상상의 힘, **마치 효과**

인간은 상상하는 대로 변화해 간다. 이미지 메이킹을 잘해야 하는 이유는 자신이 추구하는 목표에 효과적으로 도달하기 위함이다. 그러기 위해서는 자신이 앞으로 변화할 모습을 미리 상상하고 있어야 한다. 상상이 발휘하는 힘은 어디서 나올까?

심리학에서는 상상에 예언 능력이 있다고 한다. 자신의 이미지를 메이킹하는 데도 역시 상상의 힘이 필요하다. 예전에 초등학교 교과서에서 읽은 〈큰 바위 얼굴〉이 기억나는가? 마을 앞산 큰 바위에 훌륭하고 멋진 지도자 얼굴이 새겨져 있었다. 마을 사람들은 언젠가는 그런 지도자가 나타나기를 기다리며 살아갔다. 어떤 소년이 매일같이 큰 바위 얼굴을 바라보며 지도자를 기다렸다. 결국은 그 소년이 장성하여 큰 바위 얼굴의 주인공이 되었다.

'인간은 생각하면서 닮아 간다'라는 말이 있다. 시집살이에 시달리던 며느리도 나쁜 시어머니라고 욕하며 살다 보면 어느새 자신도 모르게 똑같은 시어머니가 된다. 술주정뱅이 아버지의 행패를 보면서 자란 아들이 '나는 절대로 아버지처럼 되지 말아야지'라고 다짐하지만, 어느새 술주정뱅이가 되고 마는 경우가 많다.

상상이란 과거의 경험으로 얻어진 심상을 새로운 형태로 재구성하는 정신 작용을 말한다. 단순한 기억과는 구별된다. 기억은 과거의 경험을 그대로 생각해 내는 것이다. 사고는 추상적 개념을 구사하는 것이고, 망상이나 환각은 있지도 않은 무언가를 현실처럼 여기는 것이다. 그럼 상상에는 어떤 종류가 있을까? 심리학에서 상상을 세 가지 종류로 나눈다.

첫째가 백일몽으로, 현실 도피적이다. 땡전 한 푼 없는 사람이 한순간에 세계 최고의 갑부가 되기를 기대하는 식이다. 도저히 이루어질 수 없는 터무니없는 꿈이다.

두 번째로 상징적 상상이 있다. 아이들이 빗자루에 올라타고 하늘을 난다고 여기거나, 사막의 모래 위에 누워 있으면서 고급 호텔의 풀에서 수영한다고 생각하는 것 등이다.

세 번째는 목적적 상상이 있다. 취업하려는 사람이 이미 어떤 회사의 사원이 된 듯이 상상하면서 자기 소개서를 작성하거나 면접시험을 준비하는 것이 이에 해당한다.

네 번째는 생산적 상상으로, 희망과 목적을 가진 상상이다. 새로운 문제를 해결하기 위하여 과거의 경험을 재구성하여 새로운 것을 만들어 내는 행위를 말한다.

상상에는 희망과 가능성이 수반되는 플러스 상상이 있고, 두려움과 좌절을 안겨 주는 마이너스 상상이 있다. 상상을 성공이나 실패의 에너지로 바꾸는 힘이 상상력이다. 상상력은 한 사람의 생각과 행동을 바꾸고 이미지를 바꾸어 준다.

성공한 사람들의 공통점 중에 하나가 가능성을 지닌 풍부한 상상력을 품고 실천했다는 것이다. 국내 모 야구단 선수들의 실험 결과가 있다. 선수들을 두 개의 팀으로 나눠 6개월 동안 실험을 하였다. 한 팀은 계속해서 배팅 연습만 시키고, 다른 한 팀은 명상을 하면서 홈런을 치는 상상을 하게 했다. 이후 배팅 연습을 시키자 상상을 반영한 팀의 타율이 훨씬 높게 나왔다. 사람은 누구나 자기가 원하는 모습으로 서서히 변해 간다는 점은 실험 결과를 보지 않아도 스스로 크고 작은 경험을 통해 잘 알 것이다.

어쩐지 잘될 것 같다고 생각하고 노력하면 반드시 잘된다. 왠지 모르게 잘될 것 같은 기분을 자나 깨나 항상 유지할 필요가 있다. '마치 ~이 된 것처럼' 생각하고 행동하다 보면 나타나는 효과를 '마치 효과'고 명명한다.

성공의 **그루터기**에 **접**을 붙여라

유유상종이라는 말이 있다. '새들도 같은 색끼리 뭉친다'는 서양 속담도 있다. 모두 끼리끼리 논다는 뜻이다. 내가 누구를 만나는가, 어디에 속해 있는가는 삶의 방향을 설정해 가는 데 영향을 준다. 자신이 속한 클럽이 성공인들이 모이는 곳인가, 아니면 실패자들이 모이는 곳인가를 점검해 보라.

성공인 클럽과 실패인 클럽은 커다란 차이가 있다. 다음 10가지 사항들을 보면서 자기 진단을 해보기 바란다.

★ 성공인 클럽은 모이기를 힘쓰고, 실패인 클럽은 빠진 것을 자랑한다.

★ 성공인 클럽은 일을 찾고, 실패인 클럽은 음식만 찾는다.

★ 성공인 클럽은 미래 지향적이고, 실패인 클럽은 과거 지향적이다.

★ 성공인 클럽은 창의를 추구하고, 실패인 클럽은 쾌락을 추구한다.

★ 성공인 클럽은 생산에 힘쓰고, 실패인 클럽은 소모에 힘쓴다.

★ 성공인 클럽은 서로 일하려 하고, 실패인 클럽은 서로 일을 미룬다.

★ 성공인 클럽은 서로 칭찬하고, 실패인 클럽은 서로 헐뜯는다.

★ 성공인 클럽은 안 나온 사람의 안부를 묻고, 실패인 클럽은 안 나온 사람을 헐뜯는다.

★ 성공인 클럽은 성공할 일을 논하고, 실패인 클럽은 망할 일만 논한다.

★ 성공인 클럽은 희망을 생각하고, 실패인 클럽은 불가능을 생각한다.

자신이 주로 만나는 사람들과 모이던 곳이 어떤 곳이었는지 생각해 봐야만 한다. 만약 실패인 클럽에 속한다면 지금이라도 늦지 않다. 계속 불러도 따라다니지 말고 과감히 떠나야 한다. 이제부터 만나는 사람들은 자신이 선택해야 한다.

식물 경영에 접붙이기라는 방법이 있다. 고욤나무를 아는가? 감나뭇과로 조그마한 열매가 먹음직스럽게 주렁주렁 열리지만 떫고 맛이 없어 먹을 수가 없다. 고욤나무의 줄기를 베어 내고 감나무 순을 접붙이면 신기하게도 탐스런 감이 열린다.

자신을 성공에 접붙이는 방법이 있다. 진단-모델링-벤치마킹-적응 기제를 순서대로 잘 활용하는 것이다. 성공의 그루터기에 자신을 접붙이는 방법은 다음과 같다.

첫째, 상태를 알아야 한다. 자신이 어디에 어떤 모습으로 지금까지 서 있었는지를 명확하게 살펴본다. 자기가 어떤 나무인가도 분명히 알아야 한다. 이것이 자기 진단이다.

둘째, 새순을 구해야 한다. 튼튼한 우량종으로 영양가 있는 새순을 찾아서 베어 와야 한다. 이것이 모델링이다.

셋째, 접붙인다. 묵은 가지를 잘라 내고 새순을 접붙인다. 이것은 벤치마킹이다.

넷째, 적응시킨다. 적당한 수분을 공급하고 부작용이나 돌연변이가 일어나지 않도록 환경과 영양 상태를 살펴야 한다. 이것이 적응 기제이다.

언제나 그랬듯이 겨울이 지나면 반드시 봄이 온다. 새로운 기운이 대지를 감싸고 죽은 줄로만 알았던 나뭇가지마다 파릇한 생명의 기운이 움튼다. 사철이 바뀌면서 자연이 인간에게 보내는 메시지를 수신하고 소화할 줄 알아야 한다. 나약해진 마음이라면 새로운 의욕을 접붙여야 한다. 게을러진 몸과 마음이라면 근면의 새싹을 접붙여야 한다. 지금의 가지가 실패의 가지였다면 베어 내고 성공의 새싹을 접붙여야 한다.

접붙이면 분명히 변화가 일어난다. 나 같은 사람이 무엇을 하겠는가라고 포기하려는 사람들에게 로버트 슐러 목사는 다음과 같이 말했다.

"세상에 불가능이 존재하는 것이 아니라 불가능이란 생각이 존재할 뿐이다!"

리더십이란 무엇인가?

어디서나 두 사람 이상이 모이면 한 사람은 리더 역할을 하게 된다. 어떤 상황에 놓이느냐에 따라 누구나 반드시 리더가 된다는 것이다. 리더십이 공동체의 성과를 가늠한다. 리더십은 그만큼 중요한 개념이다. 리더십은 성공하는 사람들의 필수 조건이다. 리더십이란 무엇인가?

리더십은 학자마다 여러 가지 각도에서 정의하고 있으나 대개 세 가지 의미를 내포한다. 첫째로 집단의 방향을 설정하고, 둘째로 구성원의 행동을 촉진하며, 셋째로 집단의 유지와 문화 창출에 영향을 미친다. 리더는 목표를 향해 구성원들의 다양한 역량을 효과적으로 결집하고 전략화하는 기술을 발휘해야 한다. 그러한 과정이 리더십이다. 리더십에는 여러 가지 유형이 있다.

첫째, 헤드십headship이다. 명령과 권한으로 이뤄지는 리더십이다.

이를 따르지 않는 사람에게는 불이익이 주어진다. 전형적인 독재 체제를 말한다.

둘째, 매니저십managership이다. 관리 시스템에 입각한 리더십이다. 다른 사람이 효과적으로 일하도록 계획하고, 능력과 적성을 고려해서 알맞은 일을 제대로 맡기는 관리 능력을 말한다.

셋째, 좁은 의미의 리더십이다. 요즘 말하는 효과적인 소통의 결과를 의미한다. 다른 사람이 자발적으로 기분 좋게 일하고 따라오도록 영향을 미치는 리더십이다.

유형이 달라도 리더 개개인의 역량에 따라 또 다른 리더십의 형태가 나타난다. 먼저 똑똑한 리더와 멍청한 리더로 나뉜다. 그다음 부지런한 리더와 게으른 리더로 나뉜다. 두 가지 분류를 교차하면 네 가지 형태가 나온다. 재미있는 명칭을 붙여 알기 쉽게 설명해 보려 한다.

첫째, '똑부'이다. 똑똑하고 부지런한 리더이다. 업무에 훤하고 일도 열심히 한다. 부하들도 열심히 할 수밖에 없다. 업무 간섭이 심하고 부하에게 결정을 내릴 여지를 주지 않는다. 위임을 잘 안 한다. 그래서 인기가 없다. 한마디로 부하 직원 입장에서는 어렵고 피곤한 리더이다. 조금은 너그럽게 부하의 자리를 만들어 주는 배려가 필요하다.

둘째, '똑게'이다. 똑똑하고 게으른 리더이다. 업무 파악은 정확히 하지만 게을러서 주요 업무를 부하에게 맡긴다. 부하들은 일은 많아지지만 성장 가능성이 크다. 그래서 인기가 많다. 게으름의 역설이다. 부하 직원의 발전을 위해서는 일부러 게을러질 필요를 느끼는 개념이다. 훌륭한 리더는 업무를 잘 파악하되 부하 직원들이 솔선하여 자신의 자리에 충실하도록 환경을 제공해 주어야 한다. 그래야만 부하 직원들에게 책임감도 부여하고 업무 능력의 성장도 일으킨다.

셋째, '멍부'이다. 멍청하고 부지런한 리더이다. 업무를 잘 모르면서 불필요한 일을 벌인다. 부하들은 쓸데없는 일만 하며 시달린다. 일은 열심히 하는데 보람과 성과가 없다. 부하들이 괴로워하는 유형이다. 멍부 밑에 있으면 업무의 방향은 좌충우돌이 된다. 방향을 못 잡고 지친다. 좋은 리더가 되려면 정확한 업무 파악을 위한 노력이 우선순위이다.

넷째, '멍게'이다. 멍청하고 게으른 리더이다. 업무도 잘 모르고 쓸데없는 일도 잘 안 만든다. 부하들은 시키는 일이나 적당히 하면 된다. 편하기 그지없다. 이런 상사 밑에 있는 부하는 무사안일한 또 하나의 '멍게'로 성장하기 쉽다.

리더십 하면 카리스마가 떠오르는 경우가 많다. 카리스마란 효과적인 리더십의 결과이지, 카리스마의 결과로 효과적인 리더십이 생기는 것은 아니다. 카리스마는 훌륭한 리더로 섬길 때 자연스레 만들어진다.

어떤 **리더**가
성공을 이끄는가?

　　공동체의 구성원으로서 개인의 역할은 매우 중요하다. 구성원 전체가 한목소리를 내며 목표를 향해 나아가도록 영향력을 발휘해야 하는 리더의 역할은 더더욱 중요하다. 리더의 역할을 수레 끌기로 비유하기도 한다. 자신의 유형은 어떤 스타일일까?

　첫째, 리더 혼자서만 수레를 끌고 가는 스타일이다. 구성원들은 별로 할 일이 없다. 배려한다는 차원에서 수레를 리더가 손수 끌고 갈 수도 있다. 하지만 진정한 리더는 팀원을 성장시키는 자이다. 적당한 역할을 잘 분배하여 훈련시키고 성장시키는 것은 공동체의 목표 달성과 성과 향상에 직접 기여한다.

　둘째, 리더 자신은 수레에 올라타고 조직원들에게 끌게 하는 스타일이다. 구성원들은 소가 아니면 말이 된다. 매우 힘들 것이다.

리더는 솔선수범하는 자여야 한다. 이순신 장군은 두려움에 위축된 군사들 앞에서 스스로가 죽기를 각오하고 선두에 서서 싸웠다. 장군의 솔선수범하는 용맹이 군사들과 백성들까지 감동하게 하였고 적장마저 떨게 만들어 승리로 이끌었다.

셋째, 조직원들에게 수레를 끌게 하고 자신은 따로 걸어가는 스타일이다. 구성원에게 지시만 하는 리더로 비치기 쉽다. 당연히 팀원들에게 불만이 생길 것이다.

넷째, 조직원들과 함께 수레를 끌고 가는 스타일이다. 협력하고 소통하는 리더로 보인다.

과연 어느 리더의 역할이 바람직할까? 가장 바람직한 리더 스타일은 네 번째가 아니고 세 번째이다. 리더가 조직원들과 함께 수레를 끌고 다닌다면 언제 창의적인 계획을 세우고 공동체의 방향을 설정하겠는가? 구성원에게 수레를 끌게 하고 리더는 걸어가면서 공동체의 목표 달성을 유도하고 구성원의 사기를 높일 방안을 연구하는 것이 바람직하다.

반대로 최악의 리더 유형도 있다. 최악의 리더라면 예전에 'W 이론'을 내세웠던 서울대학교 이면우 교수의 이론이 적절하다. W 이론이란 우리의 전통적 기질인 신바람이나 흥을 산업 현장과 생활 현장에 불러일으켜서 현재 상황을 획기적으로 돌파해 나가야 한다는 주장이다. 리더가 신바람, 역동적인 동기 부여를 일으키는 주역이 되어야 한다. 최악의 리더는 W 이론과는 반대되는 상황이라고 생각하면 된다.

첫째, 리더가 해당 분야의 문외한인 경우이다. 리더가 전문 지식을 쌓을 동안 모든 일은 보류될 수밖에 없다.

둘째, 리더가 해당 분야의 문외한인데 소신은 있는 경우이다. 식견이 부족한 사람이 소신을 가지면 위험하다. 해당 분야에 무식한데 다행히 소신이라도 없다면 주위에 물어보거나 공부라도 하면 된다. 무식한 사람이 소신만 있으면 일을 하는 과정에서 오로지 비장함만이 나온다. 밑에서 함께 일하는 사람이 무척 고달퍼진다.

셋째, 리더가 해당 분야에 무식한데 부지런한 경우다. 무식한 사람이 부지런하면 갈 곳, 안 갈 곳 안 가리고 쫓아다니면서 건드릴 것, 안 건드릴 것 죄다 건드리며 사고를 친다.

리더십은 사람을 움직이는 영향력이고 힘이다. 사람을 움직이려면 먼저 자신이 동기 부여가 되어야 하고, 상대방의 마음속에 강한 욕구를 일으킬 능력도 요구된다. 이러한 능력은 타고나지 않고 학습과 훈련으로 키워진다. 준비된 사람을 훌륭한 리더라고 말한다. 훌륭한 리더는 만인을 이끄는 데 성공하지만, 그렇지 못한 리더는 한 사람조차도 이끌어 나가지 못한다. 오히려 자신에 대한 동기 부여마저 힘겨운 상태가 된다.

늘 **변화**를
준비해야 하는 이유

　　세상 만물이 계절에 순응하며 하루가 다르게 변하고 있다. 우리 삶의 현장도 급변하고 변화의 속도도 점점 빨라진다. 그러한 변화를 실감하는 사람이 있는 반면 전혀 느끼지 못하고 사는 사람도 많다. 모두가 바뀌는 변화의 소용돌이 속에서 개인이 변화를 느끼지 못하는 이유는 무엇일까? 사람들이 변화를 느끼지 못하는 이유는 크게 세 가지이다.

　　첫째, 변화의 중심에서 멀리 떨어져 있기 때문이다. 초음속으로 날아가는 전투기도 멀리서 보면 흰 연기를 내뿜고 천천히 느리게 가는 듯 보인다. 마찬가지로 정보의 중심에서 멀리 떨어져 있으면 속도 감각이 무뎌진다. 일을 왜 해야 하는지조차 잊기가 쉽다.

　　둘째, 반대로 변화의 중심에 함몰되어 있기 때문이다. 달리는 차 안에서 밖을 보면 자기가 움직이지 않고 풍경이 뒤로 가는 착각이 일어난다. 이처럼 자신이 마치 변화를 주도하고 이끌어 가는 것으로 착각한다. 이런 리더가 리더십이라도 강하면 주변 전체를 무감각하게 만들기 쉽다.

셋째, 아예 변화에는 관심이 없기 때문이다. 자신이 살고 있는 마을이 재건축 단지로 확정되었는데도 우물을 파고, 지붕을 올리고, 도배 공사를 새로 하는 우를 범하는 사람이다.

바뀌는 세상을 알면서도 변화를 거부하는 쪽으로 줄을 서는 이유는 무엇인가? 사람들이 변화를 거부하는 두 가지 이유가 있다.

하나는 변화에 대한 두려움이다. 제너럴일렉트릭 사의 사원 교육 교재에는 변화를 두려워하는 이유가 써 있다고 한다.

"변화의 대상이 다른 사람일 때는 쾌감을 느끼지만, 변화되어야 할 대상이 나일 때는 위협을 느낀다!"

두려움은 동기 부여의 엔진을 끄게 만든다. 더욱 심각한 것은 동기를 부여하는 엔진의 시동 키마저 무력하게 만든다는 것이다.

변화를 거부하는 다른 이유는 게으름이다. '게으름은 조물주도 어쩔 수 없다'라는 말이 있다. 돌고 도는 세상이라 가만히 있으면 제자리로 돌아온다고 생각하는 경향이 게으른 자들에게 있다. 변화는 방향성이 없다는 것이 특징이다. 가만히만 있어도 제자리로 돌아올 리 없지만, 나중에 돌아왔다고 해도 자기는 그 자리에서 사라진 후이다.

변화에 대한 인식이 중요하다. 톨스토이가 말한 대로 '많은 사람들이 세상을 변화시키는 것에 대해 생각하지만, 자신을 변화시키는 것은 전혀 생각하지 않는다.' 사람들이 변화를 맞이하는 태도는 두 가지이다. 설렘, 아니면 두려움이다. 변화에 대한 설렘은 도전을 부르고 새로운 가치를 낳는다. 변화에 대해 두려워하면 저항을 불러 결국 상실감이나 좌절감을 얻는다.

우리는 언제 어디서나 변화라는 손님을 환영해야 하고, 환영할 준비가 되어 있어야만 한다. 유비무환이라는 말을 강조하지 않더라도, 준비된 사람에게는 두려움 속에서도 설렘이 더 강력한 희망으로 다가온다. 변화는 두 얼굴을 하고 나타난다. 희망이라는 얼굴과 스트레스라는 얼굴이다. 변화를 이끌어 갈지, 아니면 이끌려 갈지를 선택해야만 한다. 준비가 되어 있는 사람에게는 이끌어 갈 능력이 생긴다. 이끌어 가면 희망의 얼굴이 되지만, 이끌려 가면 스트레스의 얼굴이 되는 것이다.

꿈꾸는 자만이
변화를 얻는다

　　　　급변하는 세상에서 변화에 어떠한 자
세를 가져야 할지는 삶의 양상에 매우 중요한 요인으로 작용한다.
변화를 이끌어 가는 방법은 무엇인가?

　어차피 다가오는 변화라면 이끌고 갈지, 이끌려 갈지부터 선택
해야 한다. 변화를 이끌고 가면 유리한 세 가지 이유가 있다. 첫째,
생각의 틀인 패러다임이 확장된다. 둘째, 생활 자체가 목적이 이끄
는 삶으로 바뀐다. 셋째, 성과의 질과 양이 향상된다.

　변화를 수용해야만 하는 이유로는 물리학에 나오는 엔트로피 법
칙이 적절한 예가 된다. 모든 사물은 시간의 흐름에 따라 질서에서
무질서로, 쓸모 있는 데서 쓸모없는 데로 변화한다는 법칙이다.

　엔트로피 법칙은 비단 물리학에서만 적용되는 것이 아니다. 인
간의 생활 현장에도 그대로 적용된다. 연인끼리 뜨겁게 사랑해서

결혼했을지라도 자기들도 모르는 사이에 사랑이 서서히 식어 가는 것은 결코 이상한 현상이 아니다. 물론 도파민 호르몬의 분비가 떨어져서 사랑이 줄어든다는 화학적인 설명도 납득이 되지만, 엔트로피 법칙이 작용하기 때문이라는 사실도 부인할 수는 없다.

생존하는 모든 것은 변화하지 않으면 퇴보한다. 물도 고여 있으면 썩듯이 기업이나 사회도 그냥 놔두면 안 좋은 방향으로 점점 나빠진다. 어떻게 해야 할까? 결혼 전의 사랑을 유지하려면 연애하는 동안 쏟았던 에너지와 정성을 계속해서 투입해야 한다. 가정을 성장시키려면 2세가 태어나는 등의 변화가 생겨야 한다. 기계도 안 쓰고 가만히 모셔 두면 녹슬고 망가지는 법이다.

변화에 끌려가지 않고 이끄는 방법은 무엇인가? 세상을 바꾸려 하지 말고 자기 먼저 변화를 선택하라. 전문가들은 자기 변화를 위한 방법들을 제시하고 있다. 그중 열 가지를 추려서 정리하면 다음과 같다.

첫째, 평소에 오가는 길을 바꿔 보라. 자신의 변화 의지에 시동을 거는 과정이다. 섬세히 관찰해 보면 새로운 길에서 평소 못 보던 것들을 발견할 수 있다.

둘째, 너무 익숙한 것과는 결별하라. 습관은 열쇠 없는 족쇄가 되어 나도 모르는 사이에 나를 길들인다.

셋째, 새로운 사람들과 친해 보라. 한 사람은 소우주라는 말이 있다. 또 다른 세상을 배울 기회이다.

넷째, 남의 눈에 비치는 나를 바라보라. 주관적 자아상에 함몰되어 다른 사람들의 눈에 비치는 자신을 발견하지 못하는 경우가 많다. 남이 나를 바라보는 눈에서 변해야 할 내가 보인다.

다섯째, 새로운 것을 배워 보라. 이제는 인생 3모작 시대이다. 좋든 싫든 100세까지 살아야 한다.

여섯째, 예상 밖의 일을 환영하라. 평소 예상하지 못한 일에는 반드시 낯선 변화가 따라온다. 변화를 가르치는 스승도 함께 올 것이다.

일곱째, 지금의 행복을 붙들라. 어제는 지나갔고, 내일은 영원히 오지 않으며, 다만 지금 여기만 내게 있다. 멀리 있는 행복은 내 것이 아니다. 내가 누리고 있는 지금이 행복이다.

여덟째, 변화에 감사하라. 변하지 않았다면 벌써 망했다.

아홉째, 또 다른 나를 기대하라. 어제의 나는 이미 오늘의 내가 아니다.

마지막으로 더 큰 꿈을 꾸라. 변화는 꿈꾸는 자에게만 제공되는 에너지이다.

아무나 **귀인**을
만나지 않는다

나를 이롭게 하는 사람을 귀인貴人이라
고 한다. 반대로 나를 해롭게 하는 사람을 악인惡人이라고 한다. 위대
한 인물이나 성공한 사람들의 스토리를 보면 언제나 결정적인 때
에 귀인을 만났다. 귀인에게서 새로운 아이디어를 제공받거나 문제
해결의 도움을 받는다. 실패하거나 쫄딱 망한 사람들의 스토리에는
항상 악인이 등장한다. 악인의 속임수에 빠져서 망하곤 한다. 나를
이롭게 하는 귀인을 만나려면 어떻게 해야 할까?

귀인이든 악인이든 내가 어려운 고비거나 중요한 시기에 다가온
다. 문제는 중요하고 위급한 상황에서 어떤 사람이 나를 이롭게 하
는 귀인이고, 어떤 사람이 악인인가를 제대로 구별하느냐는 것이다.

사람들은 귀인을 쉽게 만나려고 점집을 찾아가기도 한다. 어느
쪽으로 가면 귀인을 만날지 점을 친다. 어떤 사람은 손바닥 위의 침

이 어디로 튀는지를 보고 따라가기도 하고, 어떤 사람은 새가 뽑아 주는 점괘를 보고 사업의 아이템을 결정하기도 한다. 만물의 영장인 사람이 새를 귀인처럼 여긴다. 주변에 있는 수많은 사람들 중 누가 귀인인지를 그런 식으로 결정할 것은 아니다. 그보다 귀인을 만날 준비가 되어 있느냐가 더욱 중요하다.

귀인을 만나려면 무엇을 준비해야 할까? 귀인은 1등짜리 로또 복권을 뽑아 오는 사람이 아니다. 한 방에 모든 걸 해결해 주는 사람이 있다면 귀인이라기보다 귀신이다. 그런 귀신은 없다. 귀인을 만나려면 다섯 가지 준비가 되어야만 한다.

첫째, 귀인을 만나기 위한 오픈 마인드가 되어야 한다. 마음 문이 닫혀 있거나 부정적이거나 소극적이면 다가오던 귀인도 외면한다. 귀인이 될 사람과 관계가 형성되려면 마음의 빗장을 열어 놓아야 한다.

둘째, 인맥을 확장한다. 사람들을 많이 만나는 직업인 영업에서 귀인을 만나는 공식은 간단하다. 통계적으로 20명을 만나야 1개가 팔린다면 200명을 만나면 10개를 판다는 공식이 나온다. 우리가 늘 경험하는 바대로 귀인은 결코 흔하지 않다. 많은 사람들과의 접촉이 있어야 귀인을 만날 가능성이 높아지는 법이다.

사람들이 착각하는 것이 있다. 귀인을 나만 도우려고 오는 사람으로 여긴다. 인간관계는 어디까지나 상대적이고 상호적이다. 그도 나를 통해 무언가 도움을 필요로 한다는 사실을 잊지 말아야 한다.

귀인을 통해 얻는 유익은 나 혼자만의 이익이어서는 안 된다. 상호 원원하여 시너지의 열매를 얻는 유익이어야 한다.

셋째, 자세와 태도가 호의적이어야 한다. 아무리 도와주려고 해도 불손하거나 예의와 매너가 없으면 귀인도 사람인지라 기분이 상한다. 자세와 태도는 언행을 통해 보인다. 언행은 잘 익은 과일에서 향내가 풍기듯이 내적인 이미지가 완비되어야 비로소 겉으로 드러난다. 내공의 크기와 농익은 향내기 풍겨 나가도록 자태를 준비해야 한다.

넷째, 전문성이 준비되어야 한다. 훌륭한 스승은 전문성과 가능성이 있는 사람을 제자로 선택하는 법이다. 자신이 하고자 하는 일에 전문성이 결여되면 귀인이 다가와서 알려 주는 정보도 무슨 소린지 알아듣지 못한다. 자기 분야에서 탁월한 전문성을 키워 놓아야 한다.

귀인을 만나기 위해 준비해야 하는 마지막 다섯 번째는 생각의 유연성이다. 자기 고집을 소신으로 알고 있으면 귀인의 조언도 무시한다. 고집은 귀인도 감당하지 못하는 한계성 장애물이다.

다섯 가지가 잘 준비되어 있으면 누구나 호감을 가진다. 그중에서 귀인을 만날 확률도 높아진다.

누가 **귀인**인지
알아내는 방법

　　　나를 이롭게 하는 사람은 귀인이고 나를 해롭게 하는 사람은 악인이다. 나에게 다가오는 사람이 귀인인지 악인인지 구별하는 방법은 무엇일까? 귀인을 구별하려면 과연 귀인은 누구이고, 악인은 누구인가 명확히 할 필요가 있다. 귀인은 누구인가? 귀인은 나만을 위해 존재하는 도깨비 방망이도 아니고, 마술 램프에서 나오는 거인이나 수호천사도 아니다. 귀인도 나와 다름없는 도움과 협조가 필요한 연약한 사람이다.

　사람들은 흔히 내게 이로운 사람이 귀인이라고 좋아한다. 그럼 상대방도 나를 귀인으로 보고 있는가가 중요하다. 상대가 내게 귀인이면 나도 귀인이어야 한다. 내게만 이롭고 상대방에게는 이롭지 못하다면 나는 악인이 되는 셈이다. 상호 윈윈으로 시너지를 창출하는 사이가 귀인 사이이다.

귀인을 알아내는 방법은 주변 사람들과 관계 형성을 어떻게 하느냐가 관건이 된다. 사람들과 관계 형성을 하는 네 가지 유형이 있다.

첫째, 귀인과 귀인의 관계이다. 어느 한쪽에 치우치지 않고 서로 유익한 관계를 말한다. 가장 바람직한 관계이다.

둘째, 상대방은 내게 귀인인데 나는 상대방에게 악인인 관계이다. 상대방으로 인해 나는 이익을 본다. 이익이 크면 클수록 종국에는 형사들이 나를 찾아다니게 된다. 나에게 큰 이익이 발생했다는 말은 상대방에게 큰 피해를 안겨 줬다는 의미이다.

셋째, 나는 상대방에게 귀인인데 상대방은 나에게 악인인 관계이다. 이번에는 내가 사기를 당하거나 엄청 피해를 본다. 내가 사기꾼을 찾아다니는 수사반장 노릇을 하게 된다.

넷째, 나도 상대방도 둘 다 악인인 관계이다. 서로를 이용해 이득을 꾀하려는 속셈만 가득 찬 관계이다. 어느 한쪽이 잠시 이득을 챙겼다고 해도 결국은 둘 다 불행해지는 관계가 되고 만다.

주변 사람들이 귀인인지 악인인지 어떻게 구분할까? 우선 나에게 접근하는 이유를 정확하게 알아야 한다. 나와 도모할 목표가 무엇인가 하는 것이다. 나를 위해 일확천금을 벌어 주겠다는 사람들은 일단 수상한 사람이다. 그런 이득이 있다면 자기 혼자 하지 왜 나를 끌어들이겠는가? 그런데도 사람들은 솔깃하고 넘어간다. 사기당한 사람들의 심리를 보면 공짜 이득에 눈이 어두워져 있다.

귀인을 알아내려면 상대방에 대한 관심이 중요하다. '관계는 관심을 먹고 자란다'는 말이 있다. 서로의 유익에 관심을 가지면 나 혼자만의 욕심이 사라지고 공동의 유익을 창출하는 멋진 관계로 발전한다.

대인 관계는 한번 형성되면 영원히 지속되는 자동 시스템이 아니다. 수시로 애정과 관심으로 보살펴 주지 않으면 멈춰 서 버리는 수동 시스템이다. 관심이 없어지면 관계는 서서히 경계로 바뀐다. 관심은 관계를 만들지만, 무관심은 경계를 만든다.

집중력은
어떻게 높이는가?

　　　　　　　　날씨가 좋지 않거나 피로가 쌓이면 업무나 학업에 대한 집중력이 많이 떨어진다. 집중력 높이는 데 좋다는 음식도 먹어 보고, 운동도 해보고, 보약도 먹어 보지만 별로 신통치 않다. 그런 조치는 사전에 미리 해야 하는 것들이다.

　우선 자신의 집중력 결핍 정도가 어느 수준인지 알아보는 간단한 테스트를 해보자. 하버드 대학 의학 박사이자 주의력 결핍을 처음 규명한 의사인 에드워드 할로웰이 제안한 테스트이다. 다음 세 가지 중 몇 개가 해당되는지 정리해 보면 된다.

★ 업무 중에 인터넷 창이 열려 있지 않거나 휴대폰이 가까이 없으면 불안하다.

★ 아이디어는 많은데 중요한 우선순위를 정하지 못해 버벅거린다.

★ 셋째, 자기 일이 아닌데도 늘 걱정이 많다.

위의 세 가지 중에 몇 가지나 해당되는가. 3개 모두라면 주의력 결핍 중증 단계이다. 2개에 해당한다면 주의력이 무너지고 있는 단계이다. 1개에 해당한다면 주의력 결핍 초기 단계이다. 전문가들이 제안하는 집중력을 즉시 높이는 다섯 가지 방법이 있다.

첫째, 주변의 잡음을 없애라. 주변 환경을 내 맘대로 바꿀 수 없는 경우가 많다. 필요한 소리만 듣는 연습을 해야만 한다. 시끄러운 음악이 나온다면 그중 기타 소리든, 피아노 소리든 하나만 골라서 듣는다. 신기하게도 그 소리만 들리고 다른 소리들은 안 들린다.

둘째, 관심을 키워라. 전문가들은 주변 정리를 잘하라고 제안한다. 그러다 보면 정리하다 시간이 다 가는 경우가 있다. 주의력이 산만한 아이들은 공부한다고 앉아서 책상 정리만 열심히 하다가 쉬곤 한다. 정리보다는 관심 키우기를 제안한다. 한 가지만 관심을 가지고 계속 바라보는 연습을 하는 것이다.

셋째, 한 가지씩 하라. 바쁠수록 여러 가지 일을 한꺼번에 하지 말아야 한다. 중요한 일부터 하나씩 한다. 집중력이 떨어진 상태에서 욕심은 바로 포기를 부른다.

넷째, 긍정적인 상상을 하라. 보통 산책을 권하는데, 그럴 시간이 없으면 긍정적인 상상을 한다. 다른 말로는 이미지 트레이닝이라고 한다. 긍정적인 상상을 하면 평소보다 효과가 커진다는 연구 결과들이 많다.

　다섯째, 신체 리듬을 찾아라. 흔히 아침형 인간이 좋다는데, 사람마다 신체 리듬이 다르다. 밤에 집중이 잘되는 사람이 있고, 새벽에 집중이 잘되는 사람이 있다. 자신의 리듬을 찾아서 일과 포커스를 맞추는 것이 중요하다.

나는 어떠한
다리 유형인가?

　　　　　다양한 기업 환경 속에서 지속적인 자기 성장을 해 나가려면 고객과 유기적인 관계를 형성해야 한다. 특히 기업과 고객 사이에서 소통과 조율을 해야 하는 입장이라면 효과적인 다리 역할을 수행해야만 한다. 먼저 기업과 고객 사이를 잇는 다리 상태부터 점검해 보자. 기업과 고객 사이를 잇는 7가지 다리 형태가 있다.

　　첫째, 넓고 튼튼한 다리이다. 불안감이나 위험 없이 안전하고 신속하게 왕래할 수 있는 형태를 말한다. 이러한 역할을 하는 직원이 많을수록 고객과의 원활한 소통은 물론 기업과 고객 간에 상호 만족스러운 성과가 나타난다. 넓고 튼튼한 다리는 '원활 소통'의 상징이다.

　　둘째, 권력 다리이다. 다리 중앙이 삼각형처럼 뾰족하게 높이 솟

아 오른 형태를 말한다. 중간에서 다리 역할을 해야 하는 사람들이 도리어 자신의 역할을 권력으로 삼거나 남용하는 경우이다. 그 다리를 넘어야 하는 사람들은 고통스럽다. 권력 다리는 '고난 소통'을 부른다.

셋째, 처진 다리이다. 다리 한가운데가 푹 처져서 물에 잠겨 있는 상태를 말한다. 다리 역할을 하는 사람들이 열등감이 심하거나 자기 비하에 빠져 있는 형국이다. 다리를 왕래하는 고객들도 덩달아 물에 빠지거나 젖는다. 열등감은 우울감을 초래하므로 결국 처진 다리는 '우울 소통'을 유발한다.

넷째, 기울어진 다리이다. 평평해야 할 다리가 한쪽으로 비스듬하게 기울어진 경우를 말한다. 높은 쪽에 있는 특정한 사람들은 미끄럼 타듯이 쉽게 건너가는 반면, 반대편 낮은 곳에 있는 사람들은 힘들게 기어올라야 하는 상황이 발생한다. 삐딱한 형태의 다리에서 오가는 소통을 '편파 소통'이라고 한다.

다섯째, 비좁은 다리이다. 다리 역할을 하는 사람들이 배려심이 없거나 속이 좁은 경우를 말한다. 왕래하는 사람들끼리 불쾌하고 혼잡한 상황이 벌어진다. 비좁고 복잡한 상태의 소통을 '북새 소통'이라고 한다.

여섯째, 부실한 다리이다. 험한 계곡 사이에 널빤지 하나 걸쳐 놓은 다리를 말한다. 불안전한 다리를 불안과 두려움에 떨며 건너거나, 아예 건너기를 포기하는 사례가 속출한다. 부실한 다리에서 오가는 소통은 '불안 소통'이다.

마지막 일곱째는 끊어진 다리이다. 자기 업무에 무지하거나 아예 기피하는 직무 유기 형태를 말한다. 고객과의 소통과 왕래가 단절되고 생산성은 중단된다. 그래도 건너려는 사람들은 모두 물속에 빠진다. 끊어진 다리에서는 '함몰 소통'이 나타난다.

화해를 잘 시키는 사람이 있는가 하면 싸움을 잘 붙이는 사람도 있다. 기업의 구성원으로서 기업과 고객의 입장을 상호 유기적으로 이어 주는 다리 역할을 하는 직장인도 있고, 이어진 소통의 끈마저 끊어 버리는 사람도 있다. 자신은 어느 경우인가를 냉철하게 점검해 보아야 한다.

성공을 부르는
3력을 알아보자

　　　　　아름다운 꽃과 향기는 벌과 나비를 부른다. 마찬가지로 다른 사람에게 없는 자신만의 파워풀한 능력은 성공을 부르는 요인이 된다. 치열한 무한 경쟁 속에서 성공을 부르는 파워풀한 이미지인 세 가지 능력을 소개한다.

　성공을 부르는 첫 번째 힘은 실력이다. 개인의 세 가지 이미지 중에서 본질을 말하는 내적 이미지와 현상을 말하는 외적 이미지, 관계를 말하는 사회적 이미지 중에서 실력은 맨 처음의 내적 이미지인 본질에 해당하는 가치이다. 성공한 사람들은 누구나 예외 없이 하루 세 시간씩 10년 동안 1만 시간을 노력해서 성공을 성취하였다고 한다. 실력이란 인내와 끈기로 계속 반복해서 얻은 습관의 결과물이다.

　자동차가 힘차게 달리려면 기본인 엔진의 성능이 좋아야 한다.

성공하고 출세하기 위해서는 기본 실력을 갖추어야 한다. 올림픽에서 메달을 따는 선수들의 소감을 들어 보면 비결을 쉽게 발견한다. 여기까지 오기 위해 남들이 보지 않는 곳에서 피나는 훈련을 했다고 한결같이 말한다. 어떤 유명한 농구 선수는 하루에 천 개씩 슈팅 연습을 했다고 한다. 어떤 야구 선수는 배팅 연습만 하루에 천 번 이상씩 했다고 한다.

성공을 부르는 두 번째 힘은 매력이다. 왠지 모르게 눈길이 가고 호감을 느끼는 사람을 말한다. 매력은 사람의 마음을 끌어당기는 힘이다. 개인의 세 가지 이미지 중에서 외적 이미지인 현상에 해당하는 가치이다.

성공한 사람들은 어딘지 모르게 사람들을 끌어당기는 매력이 있다. 아일랜드의 시인이자 극작가였던 오스카 와일드는 "인간을 좋은 사람과 나쁜 사람으로 나누는 것은 무의미하다"고 하였다. 대신 "인간은 매력이 있느냐, 없느냐로 나누어질 뿐이다"라고 하였다. 그만큼 매력이 대인 관계에 미치는 영향이 막강하다.

매력 있는 직장인과 매력 없는 직장인의 차이는 업무 성과의 차이만이 아니다. 대인 관계의 가치로 보면 고객 감동의 차이이고, 상품의 가치로 보면 명품과 짝퉁의 차이이다. 매력 있는 사람이 되려면 내면에서 우러나오는 외모를 신분과 역할에 맞도록 이미지 메이킹해야 한다.

성공을 부르는 세 번째 힘은 친화력이다. 친화력은 개인의 이미지 중에서 사회적 이미지인 관계에 해당하는 가치이다.

LA 다저스에 입단한 류현진 선수가 떨떠름하고 어색해하는 동료 선수들 앞에서 신고식을 치렀다. 그는 노래 〈강남 스타일〉로 분위기를 휘어잡는 친화력을 발휘해서 한순간에 친밀감과 공감대를 높였다고 한다. 친화력은 상대방과의 관계를 좋게 하는 튼튼한 끈이다.

흔히 친화력 하면 내향적인 사람보다 외향적인 사람이 더 잘 발휘한다고 생각하기 쉽다. 얼핏 보면 그런 것 같지만 내향적인 사람도 은은하고 끈끈한 친화력을 얼마든지 발휘할 수 있다. 도저히 친화력이 없는 사람은 어떻게 하느냐고 묻는다. 친화력은 있고 없고의 문제가 아니다. 하고 안 하고의 문제이다.

친화력은 상대방에 대한 관심에서 우러나온다. 친화력을 키우는 방법은 상대방보다 먼저 관심을 가지고 다가가는 것이다. 다정한 미소를 보내는 시도부터 시작해야 한다.

나만의 **스토리텔링**을 만들라

　　　　스펙은 직장을 구하는 사람들이나 자신을 알리려는 사람들이 능력을 증명할 만한 학력, 경력, 자격 등을 말한다. 스펙이 중요해서 스펙을 갖추다 보니 누구나 비슷한 스펙을 갖추게 되었다. 심지어 스펙을 위한 스펙이 있어야 하는 상태에 이르렀다. 끝없이 쌓아야 하는 스펙을 초월할 대안이 없을까? 이제는 자신을 돋보이게 할 스토리텔링이 중요하다.

　목표를 이루기 위해 이미지를 통합적으로 관리하는 이미지 메이킹 방법 중 하나가 자신의 스토리를 관리하는 것이다. 랜드마크 landmark라는 말이 있다. 어떤 지역을 대표하는 상징물을 말한다. 랜드마크가 되려면 두드러지게 눈에 띄는 특이성이 있어야 한다. 미국 뉴욕을 상징하는 자유의 여신상이라든지, 프랑스 파리를 상징하는 에펠탑이 그것이다. 지역의 랜드마크처럼 자신만의 특이성 있는 스토리텔링이 가장 뛰어난 스펙이다.

스토리텔링이란 다른 사람들에게 자신이 하고자 하는 이야기를 재미있고 생생하게 설득력 있도록 전달하는 것이다. 〈워싱턴 포스트〉의 스티븐 킹 기자는 "인간과 진실 간의 최단 거리는 스토리다!"라고 했다. 어떠한 진실을 사람들에게 알리는 데 스토리만큼 빠른 것은 없다.

스토리텔링의 기본적인 개념은 story 이야기를 telling 효과적으로 알린다 이다. 자신이라는 '의미'에 이야기라는 '옷'을 입혀서 '실감 나는 이야기'를 만드는 것이다. 비린내 나는 종이와 향기 나는 종이 중 무엇으로 자신을 포장할지 선택하는 일이라고 하겠다.

광고에도 스토리텔링이 많이 사용된다. '이 상품은 좋습니다. 한번 써 보세요'라는 내용을 실제로 상품을 사용하면서 표현하는 방식으로 광고한다. 샴푸를 사용하면 머릿결이 비단결이 되고, 화장품을 바르면 빛나는 피부 미인이 된다고 스토리화한 광고들이 소비자의 기억에 오래 남아서 구매 욕구를 높인다. 물론 진실을 가장한 허위나 과장 광고는 역풍을 맞는다.

스토리텔링에는 두 가지 방법이 있다.

첫째, 자신의 이미지를 통한 스토리를 만드는 방법이다. 상대방은 내가 말하기 전에 나의 이미지를 먼저 간파하고 좋다와 좋지 않다를 미리 결정한다. 말로 표현하기 전에 나의 이미지가 어떻게 전달되는지를 점검해 놓아야 한다. 내가 나를 모르면서 상대방에게 제대로 설명할 수는 없다. '육체는 영혼을 담는 그릇이다'라는 말이 있다. 자신을 담을 그릇을 선택하고 가꾸는 일이 첫 번째로 해야 할 스토리텔링이다.

둘째, 자신의 경험을 스토리로 만드는 방법이다. 경험보다 큰 설득력은 없다. 자신의 경험을 재미있고 실감 나는 스토리로 꾸며 내야 한다. 최고가 아니어도 된다. 대신 다른 사람이 경험하지 못한 하나밖에 없는 이야기라면 훌륭한 스토리텔링이 된다. 한 사람이 살아온 인생 전체를 자서전이라고 한다면, 지금까지 살아온 자신의 의미를 재미있는 이야기로 담아내는 것이 스토리텔링이다.

천적과 라이벌도
파트너이다

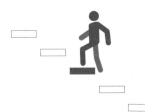

지구상에 있는 모든 생물들에게는 천적이 있다. 천적이란 잡아먹는 동물과 잡아먹히는 동물과의 관계로 '하늘이 내려 준 적'이란 뜻이다. 잘 알아서 피하면 살고 모르고 당하면 죽는다. 경쟁하는 삶에는 라이벌도 있다. 라이벌이란 같은 목적을 가졌거나 같은 분야에서 일하면서 이기거나 앞서려고 서로 겨루는 맞수를 말한다. 천적은 죽고 사는 문제이고, 라이벌은 경쟁에서의 승부에 관한 문제이다. 나의 천적과 라이벌은 무엇인가?

예전에 황소개구리의 천적이 토종 물두꺼비라는 기사가 나온 적이 있다. 물두꺼비가 자기 몸 크기의 1.5배나 되는 황소개구리의 등에 올라타고서 가슴을 조여 질식사시키는 장면이 사진으로 보도되었다. 나중에 알고 보니까 암놈인 줄 알고 올라탔다는 정정 보도가 나오기도 하였다. 수백 명의 공익 근무 요원들이 밤을 새운 소탕 작전의 전과가 세 마리뿐이었다는 보도를 보면서 우리의 토종 물두꺼비가 대견스럽게 보였다.

천적과의 관계는 생사의 관계이다. 이기면 살고 잡히면 끝장인 긴장의 연속이다. 아니, 긴장을 넘어서 먹고 먹히는 생사의 혈투이고 처절함이다. 동족이 천적이 되는 경우도 있다. 수놈 사마귀는 암놈과 교미하다가 잡아먹히고 만다. 내부의 적인 셈이다.

밀림 속의 현장을 보면 의미심장한 교훈을 느낄 수 있다. 천적으로 인해 죽을 수도 있지만, 더욱 빨라지거나 강해질 수도 있다. 천적을 피하거나 이길 지혜와 능력이 발달하는 것이다. 경쟁 사회에서 살아남으려면 자신의 천적을 가려낼 줄 알아야 한다. 나의 생명을 노리는 외부의 천적은 없을지 몰라도 술, 담배, 열등감, 두려움, 나쁜 습관, 부정적 사고 등 내부의 천적은 무수히 많다.

자신의 천적인 줄 모르고 살거나, 잠정적이고 속도가 느리다는 이유로 적당히 타협하거나 순응하고 살아가는 사람들이 많다. 이러한 사람들의 내면에는 변화를 싫어하거나 거부하려는 심리가 깔려 있다. 변화를 천적으로 여기는 사람은 실험용 비커 속의 개구리처럼 서서히 도태될 수밖에 없다.

천적과 함께 강력한 스트레스를 주는 라이벌이 있다. 생사가 걸린 천적에 비해 라이벌은 조금 약한 느낌이 들긴 한다. 경쟁 사회라는 테두리에서 보면 결국 같은 의미로 해석된다. 죽고 사는 천적은 대수롭지 않게 여기면서도 경쟁하는 라이벌과는 목숨을 거는 사람들도 심심찮게 보인다.

라이벌은 자극제이다. 비슷한 능력의 맞수가 있어야 발전할 자극이 생기는 법이다. 라이벌이 있어서 상대의 강점을 연구하게 되고, 잘나가는 라이벌을 보면 더욱 자극받아 훈련에 훈련을 거듭하게 된다. 마침내 가장 강력한 라이벌을 만나 승리의 영광을 쟁취하는 것이다.

'성공을 원한다면 라이벌을 만들라'고 한다. 권투 선수들은 상대와 비슷한 스파링 파트너를 찾아서 지속적으로 훈련한다. 목표를 달성하기 위해 일부러라도 나의 라이벌을 만들라. 라이벌을 이기고 극복하려는 자세가 도전과 성공의 근육을 키운다. 경쟁 사회에서 천적이나 라이벌은 결코 나를 넘어뜨리는 걸림돌이나 방해 요소가 아니다. 성공을 위한 디딤돌이자 필연적 파트너이다.

매일 **86,400원**이 **통장**에서 사라진다면?

평범한 사람은 시간을 소비하고, 성공한 사람은 시간을 사용한다. '시테크'란 말이 유행한 적이 있다. 현대를 살아가는 우리들에게 시간 관리의 중요성을 일깨우는 주제였다. 특히 매일 똑같은 일상을 반복하는 사람들은 시간 관리라는 개념 자체가 희박하거나 오히려 시간이 안 가서 지루하다고 느낀다. 나의 생명 라인인 시간을 어떻게 관리하고 있는가?

매일 아침마다 통장에 86,400원이 조건 없이 입금된다고 가정하면 기분이 어떨까? 아마도 매일 복권에 당첨되는 느낌일 것이다. 그 돈은 오늘 전부 사용하지 않으면 그냥 사라져 버린다면 어떨까? 시간은 이런 통장과도 같다. 매일 아침 누구나 똑같이 86,400초라는 시간을 공짜로 부여받는다. 시간을 제대로 사용하지 못하면 그냥 없어져 버릴 뿐이다. 매일매일 주어지는 시간을 건강과 행복과 성공을 위해 모두 뽑아서 유용하게 사용해야 한다.

'1년의 가치를 알고 싶으면 학점을 받지 못한 학생에게 물어보라. 1달의 가치를 알고 싶다면 미숙아를 낳은 어머니를 만나 보라. 1주의 가치는 신문 편집자들을 만나면 알 수 있다. 1시간의 가치가 궁금하면 사랑하는 이를 기다리는 사람에게 물어보라. 1분의 가치는 열차를 놓친 사람에게 물어보라. 1초의 가치는 아찔한 사고를 순간적으로 피한 사람에게 물어보라. 천 분의 1초의 소중함은 아깝게 은메달에 머문 육상 선수에게 물어보라'는 말을 가슴에 새겨야 한다.

어제는 이미 지나간 역사이고, 미래는 아직 오지 않았다. 오늘 지금 이 시간이야말로 나에게 주어진 귀한 선물이다. 영어로 현재인 present는 곧 선물이라는 뜻이기도 하다. 시간 활용을 극대화하는 시간 활용 방법이 있다. 스티븐 코비가 제시한 시간 관리 방법을 간단히 요약하면 다음과 같다.

첫째, 시간 사용 습관을 파악하라. 하루 동안 무슨 일을 하는지 구체적으로 일지에 기록하고, 일주일 동안의 시간을 분석하라. 실제로 시간을 어떻게 사용하는지 객관적으로 파악할 수 있다. 대부분 두 가지 이유로 놀란다. 특정한 일에 생각보다 너무 많은 시간을 보내고 있어서 놀란다. 또 중요한 일임에도 적은 시간을 보내고 있어서 놀란다.

둘째, 일의 우선순위를 정하라. 시간을 능률적으로 사용하는 사람들의 공통된 특징은 우선순위를 쉽고 정확하게 결정한다는 점이다. 급한 일보다는 중요한 일부터 해야 한다. 중요한 일을 하고 나면 다시 아이디어가 떠오르고 좀 더 좋게 수정할 수도 있다. 급한 일부터 하다 보면 실수가 생기기 마련이다.

셋째, 맡길 수 있는 일은 남에게 위임하라. 한 사람은 한 사람의 몫만 할 수 있다. 모든 일을 자신이 한다면 많은 일을 하지 못한다. 권한을 위임하여 나누면 더 많은 일을 할 수 있다. 일을 나누는 것도 능력이다.

넷째, 일의 방해 요소를 제거하라. 일을 시작하기 전에 방해 요소를 파악하고 제거하면 일의 능률이 높아진다. 성공하는 사람들은 일을 실행하는 시간보다 계획하는 시간을 더 많이 사용한다. 계획을 철저히 하여 최선의 방안을 강구하는 것이다.

다섯째, 아침형 인간이 되라. 사람마다 업무에 따라 효율적인 시간이 있다. 일하는 동안 다른 사람들의 방해를 받지 않는 것이 중요하다. 늦은 저녁에 일하면 신체적으로 지칠 수 있다. 오전 10시 전에 그날 업무량의 50%를 처리해 보라는 제안이다.

출근 시간을 활용하라

　　　　　　출근 시간이 행복한 사람이 있는가 하면 지옥과 같다는 사람도 있다. 전자는 천국으로 출근하는 사람이고, 후자는 지옥으로 출근하는 사람이다. 나는 과연 어디로 출근하고 있는가?

　성공하는 사람들은 출근 시간이 다르다. 직장인에게 출근 시간은 그날 가장 중요한 시간으로 작용한다. 출근 시간은 자신의 가치를 높이고 이미지를 업그레이드하는 효율적인 시간이다.

　출근 시간을 최대로 활용하려면 우선 일찍 일어나는 훈련을 해야 한다. 하루 일과 중에서 아침 시간 30분은 매우 중요하다. 인간의 뇌는 창의적인 우뇌와 논리적인 좌뇌로 구성된다. 아침 시간은 집중력과 판단력을 높이는 호르몬이 많이 분비되는 시간이다. 아이디어의 보고라고 하는 우뇌가 활발하게 움직인다. 아침 시간은 낮이나 밤 시간보다 3~4배의 효율을 거둘 수 있다. 하루 중에 가장 중요한 시간을 대충 흘려보내면 인생 전체를 흘려보내는 것과 마찬가지이다.

1:59의 법칙이 있다. 처음 1분의 생각이 59분을 결정한다는 뜻이다. 1분 상상법이 효과적이다. 그날 발생할 만한 기분 좋은 상황을 처음 1분 동안 상상해 본다. 1분 상상법은 시간과 공간을 초월해 아무 곳에서나 할 수 있지만, 생각과 마음의 시간적인 여유가 있어야만 가능하다.

우리나라 직장인들이 출근 시간에 제일 많이 하는 일이 예전에는 신문 보기, 워크맨으로 음악 듣기 정도였다. 지금은 스마트폰 보기 59.4%, 차에서 잠자기 25%, 기타로는 멍 때리기, 화장하기, 출근하기 싫다는 생각하기 등이라고 조사되었다. 출근하기 싫은 상태에서 억지로 출근하는 사람에게서는 업무 생산성과 자기 성장을 전혀 기대할 수 없다. 직장을 지옥으로 여기는 참으로 안타까운 경우이다. 출근 시간을 효율적으로 활용하는 방법으로 운동하기와 새벽에 출근하기를 제안한다.

운동하기란 한두 정류장 전에 내려 30분 정도 걸어서 출근하기이다. 산책의 효과와 운동의 효과를 동시에 얻는 훌륭한 기회이다. 전문가들은 산책이야말로 자신을 돌아보는 좋은 시간이고, 두뇌 운동의 효과를 극대화화는 시간이라고 강조한다. 산책은 하루의 일과를 계획하거나 상상할 수 있고, 신체적으로 좋은 운동이라는 일석

이조의 효과가 있다.

새벽에 출근하기는 아예 2시간 전쯤에 출근해서 운동을 하거나 식사와 업무 준비를 하는 것이다. 러시아워에 시달릴 이유가 없고, 바쁜 시간을 넉넉하고 효율적으로 사용하여 금상첨화이다. 가끔 회사에 급한 일이 발생하면 가장 먼저 문제를 해결하는 기회까지 얻는다. 실제로 이런 방법으로 출근 시간을 활용하는 직장인들이 점점 늘어나고 있어 고무적이다.

매일매일 출근 시간이 지옥이라고 생각하면서도 늘 같은 방법으로 반복하고 있는가. 출근 시간에 대한 게으름의 철학에서 벗어나야 한다. 출근 시간을 두고 착각하는 경우도 많다. 출근 시간이 9시라면 9시까지 출근해서는 안 된다. 9시는 업무를 시작하는 시간이다. 이미 9시 전에 출근해서 업무를 시작할 만반의 준비를 해야 한다. 출근 시간이란 달리기 선수들이 출발선상에 서서 미리 준비하고 신호를 기다리는 것과 같다.

출근은 먼저 할수록 유리하다. 먼저 와서 기다리는 사람이 경영자 마인드를 가진 주인이다. 직급의 고하를 따지기 전에 경영자 마인드를 가지고 있어야 직장에서 성공한다. 경영자 마인드를 가지고 있는 직장인들에게 출근 시간은 즐겁고 행복한 시간이다.

직장인도
진학을 해야 한다

　학교에서 배울 게 많을까, 직장에서 배울 게 많을까? 직장에 들어가면 공부를 끊는 이유가 무엇일까? 직장은 현실의 무대이자 경쟁이 불가피한 곳이다. 직장인들은 사회생활을 하면서 학교에서보다 다양하게 학습해야 한다. 학생은 선생님께서 가르쳐 주는 공부만 하면 되지만, 직장인은 본인이 찾아서 배우지 않으면 아무도 가르쳐 주지 않는다.

　현대는 평생 학습의 시대이다. 직장 생활은 문제를 해결해야 하는 곳이라고 해도 과언이 아니다. 어떤 문제를 해결하기 이전에 우선 자기 자신을 점검해 볼 필요가 있다. 어떠한 문제에 봉착하면 해결할 수 있는 전문성을 가지고 있는가.

　고객 만족 이론가인 칼 알브레히트에 의하면 고객의 기대는 진화한다. 고객의 기대가 진화할수록 직장인에 대한 기업 경영자의 기대도 진화한다. 고객의 욕구와 기대가 빠르게 변화할수록 직장인들의 직장 생활은 전투나 다름없다. 외부 고객과 내부 고객에게 부응하면서 기업의 이익을 창출하기 위해 불가피하게 경쟁해야 한다. 이러한 의미에서 직장은 전쟁터와 다름없다. 그럼에도 바빠서 공부할 시간을 갖지 못한다는 핑계는 실탄을 장전하지 않고 전쟁터로 나간다는 말과 같다.

직장인들도 진학이 필요하다. 진학은 '상급 학교에 올라간다'는 뜻도 있지만, '스스로 배움의 길로 나아간다'는 자기 계발의 뜻도 있다. 직장인들은 문제 해결은 물론 진급과 자기 계발이라는 두 마리 토끼를 동시에 잡아야 한다. 오래전에 공부했던 전공 한 가지만 가지고는 한계가 있다. 인생 삼모작 시대를 대비하는 재충전이 필수이다.

직장인들이 공부하는 방법에는 무엇이 있을까? 관심 있는 전공을 찾아 대학이나 대학원에서 학위 취득도 하고 자기 계발도 하면서 원하는 자격증까지 한 번에 가능한 제도가 '국가 사이버 평생 교육원'이다. 학교에 가지 않고 일하면서 배울 수 있는 학점 은행제가 그 방안이다.

학점 은행제는 말 그대로 학점을 차곡차곡 쌓아 두었다가 일정한 학점이 쌓이면 자격증도 받고 학위도 취득하는 제도이다. 고등학교를 졸업한 학력을 가진 사람들이라면 누구나 입학 가능하다. 2~3년제 전문 학사 학위와 4년제 학사 학위를 취득할 수 있다. 전문 학사는 80학점 이상이면 되고, 4년제 학사는 140학점을 취득하면 수여된다. 1년에 봄, 가을 두 학기로 나누어 공부하며, 한 학기에 8과목 24학점까지 신청할 수 있다. 1년에 14과목 42학점까지 가능하다. 4년제 140학점은 3년 반이면 충분히 마칠 수 있다는 이야기이다.

하루에 한 시간 정도만 인터넷이나 휴대폰 앱을 통해 틈틈이 공부한다면 누구나 어려움 없이 학점을 받는다. 시간이 없는 사람들은 형편에 맞는 양만큼 학점을 취득하여 저축해 두면 된다. 학점 은행제는 누구나 활용 가능한 제도이다. 편입도 가능하다. 오래전에 학점을 취득했다면 전부 합산된다.

한 가지 팁은 국가 자격증을 학점으로 환산할 수 있다는 점이다. 자격증에 따라 수십 학점까지도 인정되는데, 전공이 맞으면 자격증 세 개까지 학점으로 인정받는다. 그만큼 학위 취득 기간이 단축된다.

직장 생활을 하면서 공부하기란 매우 어렵다. 직장과 자신을 위해 자기 계발을 하는 성실함이 필요하다. 자신감과 자존감이 확장되는 경험이며, 곧 셀프 리더로 성장하는 지름길이기도 하다.

독서가 성공을 부른다

　　새해만 되면 많은 사람들이 금연과 함께 독서 계획을 세운다. 금연과 독서 계획의 저변에는 건강하게 성공한 삶을 살고자 하는 기본적인 욕망이 깔려 있다. 성공과 독서는 어떤 관계가 있을까?

　　우리는 어떻게 해야만 성공하고 행복한 삶을 영위할 수 있을까? 어떻게 하면 새로운 것을 개발하여 남들보다 앞선 삶을 살까? 이러한 질문은 인간 모두에게 주어지는 명제이다. 선각자들은 해답이 책 속에 있다고 말한다.

　　'앞서가려면 책과 친하라'는 말이 있다. 최근 서점 수가 점점 줄고 있고 도서관도 턱없이 부족하다. OECD 통계를 보면 인구 10만 명당 서점 수가 한국 5개, 일본 15개로 나타났다. 전체 평균은 8개 정도라고 한다.

이미지 메이킹,

도서관 수도 눈여겨볼 만하다. 미국 등 주요 8개국은 인구 6천 명당 공공 도서관이 한 곳 이상 있다. 일본은 4만 명당 하나, 우리나라는 7만 명당 하나꼴이라고 한다. 더군다나 우리나라 성인들의 도서관 이용률은 2008년 33.3%에서 해가 갈수록 점점 더 떨어지고 있다. 10명 중 8명이 1년 내내 도서관 한 번 가 본 적이 없다는 이야기이다.

남보다 많이 알고 남보다 먼저 알아야 실력이 생긴다. 그래야만 남보다 먼저 성공한다. 책과 독서의 중요성은 아무리 강조해도 지나치지 않다. 책을 많이 읽기로 소문났던 E그룹 회장의 '책을 읽어야 하는 8가지 이유'는 설득력이 있다.

★ 현재의 나보다 나아지기를 원한다면 책을 읽어라.

★ 새로운 아이디어가 필요하다면 책을 읽어라.

★ 고정 관념에서 벗어나려면 책을 읽어라.

★ 승진을 원한다면 책을 읽어라.

★ 지성인이 되려면 책을 읽어라.

★ 훌륭한 부모가 되려면 책을 읽어라.

★ 위대한 사람이 되려면 책을 읽어라.

★ 잘난 척하려거든 책을 읽어라.

'단 한 권의 책밖에 읽은 적이 없는 사람을 경계하라'는 격언도 있다. 세상을 이끌어 간 위대한 사람들은 책을 읽었다. 세종 대왕은 지도자들에게 책을 읽혔고, 사육신 성삼문은 꼭 독서당에서 책을 읽었다고 한다. 이율곡은 아홉 살에 《중용》과 《대학》을 달달 외웠고, 에디슨은 열다섯 살에 디트로이트 도서관의 책을 거의 다 읽었다고 한다. 괴테, 존 스튜어트, 밀은 책을 통해 천재 교육을 받았다. 데카르트는 어려서부터 얼마나 많은 책을 읽었는지 열다섯 살에는 아예 철학자들을 놀라게 하는 책을 쓰기도 하였다. 찰스 스펄전과 로이드 존스는 책을 통해 불멸의 설교자가 되었다.

'책 속에 인생이 있다', '책 속에 성공이 보인다'라는 말처럼 몸값을 올리려면 남보다 독서량을 늘려야 한다. 뜰은 꽃으로 장식하고, 집은 책으로 장식하자.

무엇보다 **방향**이
중요하다

　　　　　　열심히 가는 것보다 방향이 더 중요하다. 얼마나 빨리 가느냐보다 중요한 것도 방향이다. 방향이 잘못되면 전진한 만큼 손해가 두 배로 발생한다. 원점으로 되돌아와야 하기 때문이다. 허탈감과 패배감으로 인한 정서적 소진까지 합한다면 손해는 이루 말할 수 없다. 내 인생에서 정확하게 방향을 잡는 방법은 무엇인가?

　인생을 항해에 비교한다면 무엇보다 방향이 중요하다. 바다 위에 떠 있는 배는 등대를 보고 방향을 잡고 키가 방향을 유지한다. 주관적인 방향키와 객관적인 방향선이 주어진다. 그럼에도 배의 방향을 잡지 못한다면 아무리 유능한 선장이라도 목적지에 도달하지 못한다.

　예전에 "여기가 아닌가벼"라는 유행어가 있었다. 밤을 새워서 산

꼭대기까지 올라간 아이들이 아침에 위치를 확인하고 한 말이 "여기가 아닌가벼"였다. 잘못 왔다는 고백이다. 잘못 왔으면 다른 방법을 연구하고 목적지를 찾아야 한다. 아이들은 개념 없이 "그럼 저쪽 산인가? 일단 또 가 보자!" 하고 죽어라고 가서 다시 "여기도 아닌가벼"라고 외쳤다. "여기도 아닌가벼"라는 말에는 똑같은 실수를 반복했다는 의미가 포함되어 있다. 사실 "여기도 아닌가벼"라는 말의 의미는 아직도 갈 곳이 있다는 것이다. "그럼 저긴가?"라는 희망의 불씨가 살아 있다.

기업체 교육장에서 자주 시도하는 동작이 있다. 눈을 감고 손가락으로 천장을 가리키다가 사랑하는 사람이 있는 곳을 가리켜 보라고 한다. 모두가 자신 있게 여기저기를 가리킨다. 간혹 손가락으로 자기 가슴을 가리키는 사람이 있다. 나는 그 방향이 맞다고 생각한다. 가장 사랑하는 사람은 내 가슴 속에 있어야 한다. 가장 사랑하는 사람을 저 멀리 어디엔가 배치해 두면 다른 사람들은 배치할 공간조차 없어진다.

예전에 어느 인기 드라마에서 남자 주인공이 가슴을 치면서 사랑하는 여인에게 한 말이 유행했다. "내 안에 너 있다!" 그 말 한마디에 시청자들이 꼴깍 넘어가서 시청률 최고의 드라마가 되었다고 한다. 사랑하는 사람을 가리키는 손가락도 방향이 중요하다.

동서남북 중에 북쪽이 몇 군데일까? 대부분 북쪽은 한 곳이라고 대답한다. 북쪽은 여러 곳에 있다. 북극점이 있는 곳은 진북true north

이라고 하고, 나침반이 가리키는 곳은 자북_{magnetic north}이라고 한다. 우리나라에서 나침반을 보면 N극이 북극점을 가리키지 않고 캐나다 쪽 허드슨 만 바닷속을 삐딱하게 가리킨다. 약 7도 정도의 기울기로 떨어진 지점이 자북이다. 진북에서 자북까지 거리는 약 966 *km*이다. 부산에서 서울까지 왕복하는 거리이다. 방향을 가리키는 과학적인 도구가 나침반인데, 그것 따라가면 죽는다. 도북_{grid north}도 있다. 지도상의 북쪽을 의미한다.

방향을 정확하게 잡으려면 인생의 목표가 명확해야만 한다. 그곳이 비전이다. 그곳에 가야만 하는 목적과 방법도 분명해야 한다. 방향을 모른다면 "열심히 살지 말자! 노력하지 말자!"라는 구호가 맞는 말이다.

선택이 모이면
인생이 된다

'성공은 실천이다'라고 한다. 실천을 하려면 무엇을 할지 선택해야 한다. 인생은 선택의 순간들을 모아 놓은 그릇과 같다. 순간순간 우리는 무엇인가를 선택해야만 하고 결과는 자신이 책임져야 한다. 성공을 선택하는 사람은 성공하고, 실패를 선택하는 사람은 실패한다. 무엇을 어떻게 선택하느냐가 성공과 실패를 가름한다. 성공을 선택하는 방법은 무엇인가?

선택이 성공과 행복에 미치는 영향은 거의 전부라고 해도 과언이 아니다. 선택의 중요성에 대한 우화를 하나 소개하겠다.

옛날 기름진 옥토에 A 마을과 B 마을이 있었다. 눈만 뜨면 두 마을 사이에 땅을 놓고 싸움이 일어났다. 어느 날 두 마을의 지도자가 만나 평화의 경계선을 긋고 서로 침범하지 말고 사이좋게 지내자는 합의를 했다.

두 마을이 경계선을 긋는 방법이 재미있다. 각 마을에서 힘차게 잘 달리는 말 한 필과 새벽에 큰 소리로 우는 수탉 한 마리를 뽑고, 먹이는 둘 중 단 한 마리분만 준비하기로 했다. 말에게 건초를 먹이면 닭을 굶겨야 하고, 닭에게 모이를 주면 말을 굶겨야 했다. 다음 날 새벽 수탉의 울음을 출발 신호로 해서 말을 타고 서로 상대방 마을을 향해 달리기로 했다. 마주 달리다 둘이 만나는 지점에 말뚝을 박고 횡으로 선을 그어 평화의 경계선을 만들기로 합의한 것이다. 게임의 관건은 먹이를 어느 동물에게 먹이느냐이다.

드디어 두 마을의 선택은 끝이 났다. A 마을은 말에게 먹이를 주기로 하였고, B 마을은 수탉에게 먹이를 주기로 결정했다. 결정한 동물에게 먹이를 양껏 먹인 양쪽 마을 사람들은 두근거리는 마음으로 잠을 설치다가 새벽녘에 깜빡 잠이 들었다. 얼마 후 A 마을 쪽에서 말굽 소리가 들려왔다.

B 마을 사람들이 놀라서 밖으로 뛰어나가 보니 어제 모처럼 포식한 수탉이 닭장에서 늘어지게 늦잠을 자고 있었다. 화가 나서 수탉을 발로 걷어차고 그때서야 말을 타고 달려 나갔지만, 어제부터 쫄쫄 굶은 말의 다리에 힘이 있을 리가 없었다.

한편 A 마을은 말에게 먹이를 주고 수탉을 굶겼다. 수탉은 배가 고파서 새벽이 되기도 전에 밥 달라고 소리를 질렀다. 수탉의 울음소리에 따라 말을 타고 달렸는데, 어제 든든히 먹은 말의 다리에 힘이 넘쳐 B 마을 근처까지 달려가서 경계선을 그었다.

두 마을에 주어진 여건과 환경은 똑같았다. 그럼에도 한 마을은 성공하고, 한 마을은 실패했다. 이유는 간단하다. 어디까지나 자신들이 선택한 결과이다. 인생은 선택이라는 말에 동의한다면 개인의 이미지도 선택이란 의견에 이의를 제기할 수 없을 것이다.

PART 4

이미지 메이킹,
4단은 행복

열등감은 이미지 메이킹을
방해한다

우리는 살아가면서 언제든 장애물을 만난다. 성공적인 삶을 위해 이미지 메이킹을 해 나가는 과정에서도 방해하는 장애물이 있기 마련이다. 그것이 바로 열등감이다. 남들이 부러워할 정도로 좋은 조건을 소유하고도 열등감에 휘말려서 발전하지 못하는 사람들을 보곤 한다. 참으로 안타까운 현실이다. 열등감이란 무엇이고 어떤 특성이 있는지 살펴보자.

열등감이란 말을 처음 사용한 심리학자는 아들러이다. 학문적 해석으로는 자신의 발전 가능성에 대해 심리적, 정서적으로 불안정한 상태를 뜻한다. 표면적으로는 자신감의 훼손으로 나타나기도 한다.

성공한 사람들에게서 보이는 성향 중 하나는 넘치는 자신감이다. 자신감을 위축시켜 포기를 유도해 내고 실패의 구덩이로 이끄는 묘한 감정이 열등감이다. 열등감은 생애 전반에 다양한 형태로 영향을 미치기도 한다. 동일한 원인에서 형성된 열등감이라도 개인의 특성에 따라 여러 모습으로 나타난다. 열등감의 유형은 크게 절대적인 요인과 상대적인 요인으로 나눈다.

절대적인 열등감은 선천적이거나 이미 바꿀 수 없는 상황으로 결정된 상태이다. 이 열등감을 내 힘으로 극복하거나 아예 상황을 바꿀 수 있겠는가?

열등감이란 말을 처음 사용했던 아들러는 실제로 열등할 수밖에 없는 상황을 갖고 태어났다고 한다. 선천적으로 구루병을 갖고 태어나 외모가 볼품이 없었고 아주 왜소했다. 친구들한테는 따돌림을 당하기 일쑤였고, 중학교 때는 수학까지 너무 못하여 많은 무시를 당했다. 그래도 열심히 노력하여 수학 최우수상을 받으며 졸업했다. 아들러는 연약하고 볼품없는 신체 때문에 의사가 되기로 결심하여 성공적인 안과 의사가 되었다.

어느 날 심리학의 아버지라 일컫는 프로이트를 만나면서 인생의 방향이 변하기 시작했다. 그러다 성적 본능에 초점을 맞추는 프로이트의 심리학을 비판하고 결별했다. 이후 상담 분야에서 월등한 대가가 되었고, 열등감을 깊이 연구하여 개인 심리학의 학파를 만들어냈다. 아들러는 절대적인 열등감을 잘 극복한 산증인이다. 상황을 바꿀 수 없는 열등감을 잘 활용하여 전문가가 된 좋은 사례이다.

상대적인 열등감은 어떤 특정한 환경이나 상황에서 생기는 경쟁심이나 남과 비교하는 부정적인 판단으로부터 비롯된다. 상대적인 열등감에 깊이 빠진 사람들은 반복되는 실패와 한계를 경험하면서 점점 깊은 불안감과 열등감에 휘말린다. 자신을 비하하거나 자기혐오에까지 이르기도 한다. 자신의 장점보다 단점이 커 보여 결국에는 장점조차 잃어버린다. 다른 사람과 비교하여 위축되는 습관을 형성하기도 한다.

그럼 열등감을 가진 사람들은 어떤 성향으로 특성을 드러내는지 알아보자. 열등감의 특성으로 공격적 성향과 후퇴적 성향이 있다.

공격적 성향은 자신이 도달하지 못한 목표를 평가 절하하거나, 자신의 업적을 과하게 높이 평가하여 우월감을 드러내려는 의도로 상대방의 업적을 낮게 평가한다. 일반적으로 허풍, 호언장담, 거만, 과장된 자랑 등의 행동을 보인다. 자신이 이루어야 하는 것에 대한 두려움으로 인해 표출된다고 볼 수 있다.

반면 후퇴적 성향은 자존감을 보호하고 권력과 가치 명예를 유지하기 위한 소극적 행동을 말한다. 더 이상 위신과 명망을 잃지 않기 위해 실패를 가져올 위험을 피하려는 회피의 증상들로 나타난다. 수반되는 행동들로는 방어, 두려움, 의심, 폐쇄, 소심, 낙담, 주저, 은거 등이 있다.

열등감은 자기 비하뿐 아니라 자기 과시에서도 나오는 감정이다. 공격적, 후퇴적 성향이 과하게 드러나면 대인 관계가 성공적으로 형성되기 어렵다.

열등감의 **증후들**은 무엇인가?

　　열등감을 잘 관리하면 자기 성장과 더불어 대인 관계의 성공을 가져온다. 반대로 열등감이 억눌리면 관계를 무너뜨리고 자신을 훼손하는 아픈 상처를 남긴다. 열등감의 증후를 구체적으로 알아보고, 그로 인한 현상들이 어떠한지 관찰해 보자. 자신이 열등감에 빠졌는지는 증후들을 확인하면 알게 된다.

　첫째, 비난에 대한 과민성이다. 상사로부터 약점이나 실수를 지적받았다고 가정해 보자. 누구나 남에게 지적받는 일은 유쾌하지 않다. 정서적으로 건강한 사람은 지적을 오히려 긍정적으로 활용한다. "충고 감사합니다. 고쳐 보도록 하겠습니다. 더 열심히 하겠습니다." 이것이 건강한 반응이 아닐까? 열등감이 큰 사람은 지적을 도저히 감당하지 못한다. 지적에 매여 하루 종일 우울하게 지낸다. 공격적 성향이라도 있는 사람이면 "이런 사람하곤 도저히 일 못 하겠다. 박차고 나가자" 하고 과도한 증상을 드러내기도 한다. 비약하여 현실을 벗어 버리고 싶은 충동까지 이끌어 내고, 후회할 만한 큰 실수를 충동적으로 저지를 수도 있다.

둘째, 아첨과 칭찬에 약하다. 열등감에 빠진 사람은 불확실과 불안정감보다는 안정감을 얻으려 해서 아첨이나 칭찬에 집착하는 경향을 갖는다. 자신의 연약함을 타인의 인정을 통해 보상받고 싶은 심리적 반응이다. 본인도 깊이 짚어 보면 아첨이고 과한 칭찬이라는 사실을 알 수 있다. 그러기에 거짓 위로와 가장된 격려라는 가면을 쓰는 것이다. 권력과 결탁되면 뇌물을 거절 못 하는 상황으로 흘러갈 수도 있다.

셋째, 혹평을 잘하는 태도이다. 남 헐뜯기를 잘하는 사람이다. 자신의 약점을 보호하려는 방어 기제 중의 하나이고, 자신의 약점을 타인으로 방향을 바꾸는 내면 심리이다. 자신의 열등감이 그렇게 격퇴되지는 않는다. 타인에게 혹평을 보내면서 상대적으로 우월 의식을 갖고 자신의 열등감을 속이는 환상에 의존한 행위이다. 공격적 성향을 갖는 증세여서 관계에 치명적인 영향을 준다.

넷째, 남을 비난하는 경향이다. 자신의 약점과 실패가 드러날 때마다 그 원인을 타인에게 돌리고 직접적으로 비난한다. 실제로 타인을 비난하면 자신이 상대방보다 우위로 올라가는 느낌을 받는 도르래 시스템이 작동하는 것이다.

다섯째, 박해받는다는 느낌이다. 불행의 원인에 타인이 직간접적으로 관여했거나 적어도 유도했다는 식으로 판단한다. 자연스레 타인을 비난하는 감정이 커져 간다. 승진에서 누락되면 문제의 원인을 자신에게 찾을 줄 모른다. '회사가 자기만 싫어한다', '이유 없이 자신에겐 불행이 다가온다', '누군가가 자신을 음해한다', '인사 담당자가 사람을 볼 줄 모른다' 등 부정적인 상상의 날개를 펼치고 원인을 외부로부터 찾아내어 자신의 실체를 돌아보지 못한다.

여섯째, 경쟁하기를 싫어한다. 경쟁에서 승리하기를 열망하지만 승리에 대한 확신은 거의 없다. 경쟁적인 상황을 과하게 싫어하거나 회피하고, 잘하다가도 경쟁 대상이 생겨나면 움츠러들어서 실력을 펼치지 못하는 경우가 많다. 실패에 대한 트라우마가 있거나 실패 자체가 많이 두려운 사람이다.

일곱째, 은둔적이고 수줍어하며 겁이 많다. 열등감은 대개 어느 정도의 두려움을 수반한다. 자신을 나타내지 않으면 결점이 눈에 덜 띄리라 생각하여 심리적으로 숨는 방법을 택한다. 수업 시간에 보면 시키는 것이 두려워 기둥 뒤나 눈에 띄지 않는 자리를 찾아다니는 학생이 있다. 제대로 극복하지 못하면 친구 관계든 결혼 관계든 어떤 논쟁조차 회피하여 갈등을 품고 살게 된다.

두려움은 그나마 있는 IQ를 15% 정도 감소시킨다고 한다. 그래서 부정적이거나 잘못된 판단을 내리고, 관계에서 실수하기 쉽게 자신의 능력을 축소시켜 버린다. 열등감에서 오는 부정 기제들을 잘 극복해 나가야 관계 속에서 자유로움을 누릴 것이다. 열등감의 증후들이 보이는 사람을 만나면 그것들이 열등감에서 나오는 모습이라는 점을 파악하여 슬기롭게 대처해 나가야 한다.

열등감은
어떻게 극복하는가?

다른 사람과 더불어 사는 현대 생활에서 열등감이 없는 사람은 거의 없다. 문제는 열등감을 어떻게 대처하고 극복해 나가느냐이다. 우리가 놓치기 쉬운, 열등감 속에 숨겨진 두 가지 진실을 짚어 보고 대처 방안을 찾아보자. 열등감은 '결핍'에 뿌리를 두고 있으며, 극복하는 노력은 매우 창조적이다. 없는 것을 채워 가는 역동이 '창의성의 원동력'이 되는 것이다. 열등감에는 두 가지 사실이 숨어 있다.

첫째, 열등감에는 객관성이 없다. 열등감은 주관적인 사고에서 나오는 부정적 자기 판단이다. 자기 혼자만의 생각이다. 다른 사람은 전혀 모르는데 자신만 느끼는 사실이다. 나의 열등감을 누가 알고 있는가? 열등감은 자신이 만든다. 루즈벨트는 "당신이 동의하지 않는 한 누구도 당신을 열등하게 생각하지 않는다"라고 했다. 열등감이란 내가 동의했기에 내 안에 생겨난 감정임을 단적으로 표현한 말이다.

둘째, 나의 열등감은 다른 사람에게 전혀 의미가 없다. 점심시간에 동료를 붙잡고 물어보라. 나의 열등감으로 동료가 밤새 고민해 본 적이 있는지. 분명 내 열등감을 직접 말하기 전에게는 아무도 알지 못했던 사실이다. 얼마나 안타까운가? 열등감은 사실 다른 사람이 나를 무시할까 염려하는 연약함에서 나오는 감정이다. 그런데 아무도 관심이 없다면 정말 억울하게 살고 있는 것이 아닐까?

따지고 보면 열등감에 시달리는 진정한 의미는 다른 사람이 나를 무시하거나 좋아하지 않을 것이라는 두려움이 아닌 다른 곳에 숨어 있다. 열등감을 핑계 삼아 무기력해진다는 것이다. 자기 계발을 하지 않고 의욕 저하, 소심함에 머물러 발전하지 못한다. 연약함으로 인해 타인을 탓하며 부정적 기제들을 사용하고 만다. 열등감은 때로 과거의 상처받은 경험에 의해 형성되기도 한다. 어떤 경우든 열등감을 숨기려는 행동이 다른 사람에게 영향을 주기도 하고 오해를 불러일으키기도 한다.

그렇다면 고약한 열등감을 어떻게 대해야 할 것인가? 의외로 간단하다. 내려놓으면 그만이다. 아무도 관심 없고 심지어 알지도 못하는 감정에 사로잡혀 고생하지 말고 내려놓으라는 뜻이다. 상처 입은 맹수는 상처를 감추기 위해 더욱 포악해진다고 한다. 열등감에 얽매어 자신만이 아니라 여러 사람 힘들게 하지 말라. 이제 그만

고통 덩어리를 통째로 내려놓자.

학력이 문제인가? 학력은 전문성을 위해 필요하다. 필요하면 만들자. 사이버 대학도 있고 학점 은행제를 통해서도 전문성을 키울 수 있다. 머무르지 말고 앞으로 걸어가자.

열등감을 활용하는 것도 좋은 방법이다. 나의 딸은 패션모델이다. 국내 모델 중에서는 키가 작은 편에 속한다. 키가 작으면 모델계에서 자칫 열등한 위치에 서게 된다. 현장에서는 단점인 작은 키를 활용하는 길을 찾아내어 모델학과 교수가 되었다. 현대와 같은 개성 시대에 단점을 잘 활용하면 틀림없이 경쟁력을 가진다.

TV에 나오는 성공의 주인공들에게서 보이는 두드러진 특징은 '멋진 성공'보다는 '열등감의 반전'이다. 열등한 조건이 그들에게 없었다면 역동도 없었을 것이다. 못 배웠으니 더 노력했고, 가정 형편이 어려우니 더 열심히 일했고, 불우한 환경에서 자랐으니 훌륭한 일을 하게 되었다. 몸이 온전하지 못한 사람이 세 배, 네 배 노력하여 다른 사람이 안 쓰는 몸을 기능적으로 개발한 예도 얼마든지 있다. 내 열등감을 어떻게 활용해서 지금부터 강점으로 반전시킬지 깊이 생각해 보자. 그러면 반드시 성공의 걸음을 딛을 것이다.

분노의 원인은
무엇인가?

수많은 사람들과 더불어 살아가다 보면 화가 나는 일도 많다. 도저히 참지 못하고 '욱' 하고 화를 내곤 한다. 순간을 넘기면 평생을 두고 후회할 일이 없을 텐데 통제 불능 상태가 되어 실수하거나 범죄를 저지르는 경우가 적잖게 있다. 분노가 생기는 원인이 무엇일까?

화가 난다는 것은 아직 이성이 있는 상태를 말한다. 욱하는 성질인 분노는 이성을 잃은 상태를 의미한다. 분노를 통제하지 못해서 사고 치고 후회하는 사람들이 수도 없이 많다. 분노는 평상시 공들여 쌓아 두었던 훌륭한 이미지를 한순간에 무너트리는 엄청난 파괴력을 가진다.

심리학자 존 레이테이의 연구에 의하면, 전 세계 인구의 20%가 통제가 안 되는 분노를 경험하며 살아간다고 한다. 한국도 작금에 일어나는 여러 가지 상태들로 봐서는 20%보다는 훨씬 높을 것 같다.

분노의 지뢰밭에 들어서지 않으려면 우선 분노가 일어나는 원인부터 알아봐야 한다. 분노는 반드시 그럴 만한 원인이 있다. 분노 전문가들은 심리적인 트라우마가 있거나, 약물 남용이거나, 욱하고 화를 폭발시킬 때의 대가나 쾌감이 지속적으로 학습되었거나, 뇌의 결함 등이 원인으로 작용한다고 주장한다. 또는 극심한 수치심이나 버림받은 기억 등을 보편적인 분노의 원인으로 꼽는다.

분노를 느끼는 원인은 대부분 외부 요인이 아니라 상황을 해석하는 사고방식 때문이라는 지적도 있다. 특히 자극과 원인을 혼동해서라고 한다. 앞차가 매너 없이 끼어들었다면 사람마다 대응하는 스타일이 다르게 나타난다. 모든 사람들이 똑같이 화가 나지는 않는다. 신경질적으로 화를 내는 사람도 있는 반면 아무 일도 없었다는 듯 너그럽게 끼워 주는 사람도 있다. 다른 차가 끼어들었다는 상황은 분노를 촉발하는 자극은 되지만, 분노를 일으키는 원인은 아니라는 뜻이다.

다른 차가 끼어들어서 화가 난 것이 아니다. 자기 안에 세팅되어 있는 화를 내는 원인이 자극을 받아서 반사적으로 촉발된다. 자신의 내부에 깔려 있는 어떤 이유가 분노를 일으키는 원인으로 작동하는 것이다.

화를 잘 내는 사람들은 마음속에 성능 좋은 화 엔진을 달고 다니는 격이다. 뜨겁게 달구어진 프라이팬은 조그마한 물방울도 수용하지 못하고 튕겨 버린다. 살짝 건드리기만 해도 튀어 오르는 화의 스위치가 마음속에 원인으로 자리 잡고 있다.

미국의 분노 조절 전문가인 로널드 포터-에프론 박사의 주장에 의하면, 분노의 원인이 뇌에 있을 수도 있다. 원인이 뇌에 있는 사람에게서는 주로 세 가지 결함이 발견된다. 첫째, 무엇인가에 집중하려 하면 전두엽의 앞쪽에 있는 전전두엽의 활동이 줄어드는 현상이 나타난다. 문제 해결 능력이 떨어지고 충동 조절이 안 되어서 분노가 치밀어 오르는 것이다. 두 번째는, 전전두엽이 오히려 너무 활발하게 움직여도 하찮은 일에 집착하거나 분노가 폭발하기가 쉽다. 세 번째는 좌뇌의 측두엽이 비정상적으로 작동하면 성질이 급해지고 엄청난 화가 급속도로 치밀어 오르는 현상이 나타난다.

욱하는 성질은 반드시 막아야 하는 위험한 심리이다. 별것 아닌 일에도 시도 때도 없이 지속적으로 분노가 폭발한다면 정확한 진단이 필요하다. 분노가 뇌의 결함에서 오는 경우라면 상태에 따라 약물 치료와 상담 치료가 반드시 필요하다.

분노 행동에는
어떤 것이 있는가?

　　분노를 조절하거나 통제할 수 없는 상태에서 나타나는 분노 행동이 큰 문제이다. 분노 행동에는 어떤 것들이 있을까?

　　로널드 포터-에프론 박사에 의하면, 분노 행동에는 크게 두 가지의 현상이 있다. 하나는 진전하는 속도에 따라 발생하는 분노 행동이고, 또 하나는 위협의 종류로 나타나는 분노 행동이다.

　　진전하는 속도에서 나타나는 분노는 속도에 따라 돌발성 분노와 잠재적 분노로 구분된다. 위협의 종류에 따라 발생하는 분노는 생존성 분노, 체념성 분노, 수치심이나 버림받음에서 비롯되는 분노가 있다. 이 모든 것들이 합쳐진 총체적 분노 등 크게 일곱 가지 유형의 분노로 구분한다.

　　진전하는 속도에 따라 나타나는 분노 중에서 첫 번째는 돌발성 분노이다. 지킬 박사와 하이드처럼 평상시에는 아무렇지도 않다가 갑자기 무서운 성격으로 돌변한다. 예기치 못하게 화가 치밀어 올라서 통제하기가 곤란한 상태가 된다. 이때는 누가 말려도 전혀 들리지 않는다. 오히려 말리는 사람에게 분노 행동이 나타나기 쉽다. 섣불리 말리려고 했다가는 더 심각한 상황을 초래한다. 돌발성 분노 행동을 보이는 사람은 스스로 분노가 소진될 때까지 기다려야 한다.

속도에 따른 두 번째 분노는 잠재적 분노이다. 어떤 특정 사안에 즉각적으로 분노 행동이 나타나지 않는다. 평소에 불만스럽던 일들이 많은 시간을 거치면서 차곡차곡 누적되었다가 어느 순간에 한꺼번에 폭발한다. 언제 어떻게 폭발할지 남들이 전혀 모르니 스스로 수위를 감지하고 예방할 대안을 마련해 두어야 한다.

위협의 종류로 나타나는 분노의 첫 번째는 생존성 분노이다. 신체적으로 위험한 상황에 처하여 자신의 안전을 지키기 위해 반사적 또는 반격적인 행동으로 나타난다. 사람에 따라 생존 위협에 대한 자극 정도가 다르니 일반적인 수준이나 느낌으로 감지할 필요가 있겠다.

두 번째는 체념성 분노이다. 인생이 내 마음대로 풀리지 않고 답답할 때 하늘 보고 삿대질하는 경우이다. 자신이 아무것도 할 수 없다는 무력감에서 비롯되는 분노 행동이다. 최악에는 묻지 마 폭력이나 자학 행동 등으로 나타난다.

세 번째는 수치심에서 비롯되는 분노이다. 남에게 비난이나 모욕을 당했거나 창피스런 일을 당하면 도저히 참지 못한다. 대상이나 주변 사람들에게 화를 내거나 폭력적인 행동을 한다.

네 번째는 버림받음에서 비롯되는 분노이다. 외로움과 초조함, 불안감 등을 잘 견디지 못해서 나타나는 분노 행동이다. 변심한 애인을 찾아가서 화풀이를 한다거나 해고당한 회사를 공격하는 행동 등이다.

마지막으로 총체적 분노 행동은 다른 어떤 분노보다 강력하고 극단적으로 나타나기 쉽다. 누가 무슨 말을 해도 소용없는 상태가 된다. 통제하지 못하면 차후에 돌이킬 수 없는 후회와 크게 사과할 상황을 만들게 된다.

이유야 어쨌든 폭력과 같은 모든 분노 행동에는 반드시 값비싼 대가와 후회가 따른다는 공통점이 있다. 분노가 폭발하기 전에 지혜롭게 예방하고 대처할 자신만의 방법을 마련해 두어야 한다.

분노 조절 장애를
극복하는 방법

자신도 모르게 욱해서 나타나는 분노 행동도 문제지만, 분노 행동을 통제하거나 관리할 수 없다는 것이 더욱 큰 문제이다. 정신 의학적으로도 분노 조절 장애는 매우 심각한 질병으로 인식되고 있다.

나는 분노하려고 하지 않는데 세상이 분노케 만든다고 말하는 사람들이 있다. 틀린 말은 아니다. 문제는 분노 행동을 어떻게 처리하느냐이다. 처리가 안 되고 있다면 분명히 크든 작든 분노 조절 장애라는 증상이 있다는 증거이다.

분노 조절 장애에도 유형이 있다. 충동형 분노 조절 장애와 습관형 분노 조절 장애로 구분된다. 충동형 분노 조절 장애는 평소에 얌전하던 사람이 충동적으로 화를 폭발시키는 경우이다. 습관형 분노 조절 장애는 크고 작은 일을 가리지 않고 늘 습관적으로 분노를 폭발시키는 경우이다.

분노 조절 장애를 치료해야 하는 이유가 있다. 분노 조절 장애가 심해지면 자신을 포함한 주변 사람들까지 힘들게 한다. 자신에 대해서는 극단적인 선택이 수반되기도 한다. 전문가들은 분노 조절 장애를 예방하거나 치료하는 데 필요한 노하우를 여러 가지로 제시하고 있다.

하나는 스스로 화가 나는 쪽으로 생각하는 비합리적인 생각을 바꾸라는 것이다. 분노가 일어나는 원인에는 자신의 생각이 틀림없다는 비합리적인 신념이 강하게 깔려 있다. 자신의 생각이 틀릴 수도 있다는 여지를 항상 남겨 두어야 한다. 객관적이고 포괄적으로 상대방의 입장에서 너그럽게 생각하는 자율적인 훈련이 필요하다.

다른 하나는 뜨거운 프라이팬을 식혀 놓으라는 것이다. 이미 뜨겁게 달구어져 있는 생태에서는 어떤 것을 담아도 튕겨 나갈 수밖에 없다.

예방 차원에서 전문가들은 규칙적인 식사를 권한다. 분노는 욕구 불만에서 발생한다. 기본적인 생리적 욕구가 불만족스럽거나 생체 리듬이 비정상이면 분노가 쉽게 일어난다. 반대로 생체 리듬이 정상적이면 분노 조절이 쉬워진다.

꾸준한 운동도 감정과 에너지를 분산시켜 분노를 예방하거나 해소하는 데 도움이 된다. 분노가 치밀어 올라 공원이나 숲길을 산책했더니 어느새 자신도 모르게 가라앉은 경험을 한 사람들이 많다.

전문가들은 분노를 조절하려면 네 가지를 바꾸라고 제안한다.

첫째, 분노를 일으킬 만한 장소나 상황을 피하라. 술에 취하는 것도 포함된다. 평상시에는 충분히 억제가 가능해도 술에 취하거나 여러 사람이 흥분하는 장소에서는 불가능해지기 쉽다.

둘째, 미리 싸울 준비를 하고 다니지 말라. 자동차 운전석에 앉아 출발하기 전부터 오늘 내 차 앞으로 끼어드는 사람은 용서하지 않을 거라는 식으로 굳게 다짐하지 말라는 것이다.

셋째, 스트레스에 반응하는 방식을 흥분하고 화내기에서 긍정적으로 이해하기로 바꾸라. 가슴속에서 나오는 감정이라도 일단 머리가 조종하기 때문이다.

넷째, 남을 탓하는 습관을 버리라. 자신에게 발생하는 모든 일들을 남 탓으로 돌리기에는 나의 완전성이 부족하다. 도저히 스스로 안 되면 전문가에게 심리 상담을 받거나, 더 심해지면 의사에게 약물 치료를 받아야 한다.

분노의 풍선은 한순간에 폭발하지만 대가는 상상을 초월한다. 가슴속에 분노의 풍선을 빵빵하게 채우고 다니는 일이 없도록 느슨하게 바람 빼기를 해야 한다.

화를 다스리는
3종 세트

사회생활을 하다 보면 화가 나는 일이 심심치 않게 있다. 화를 내기도 참기도 참 쉽지가 않다. 욱하는 성미가 있는 사람들은 더욱 힘들어한다. 순간적으로 화를 내고 후회하는 경우가 종종 있다. 화가 치밀어 오르면 어떻게 하는 것이 좋을까?

화를 참지 못한다면 화를 잘 내는 방법을 찾아내야 한다. 사실 상사 입장에서는 한순간 화를 내면 그것으로 끝이다. 하지만 당하는 사람 입장에서는 상사의 한마디가 큰 상처가 된다. 화가 나는 순간을 잘 넘길 방법에 대해 우선 성인들의 충고를 들어 보자.

★ 조금 화가 나거든 먼저 열을 세라. 몹시 화가 나면 백을 세라. 화가 날 때마다 숫자를 세다 보면 나중에는 숫자를 셀 필요가 없어진다 (톨스토이).

★ 화가 나면 그다음을 생각하라(공자).

★ 화풀이를 옮기지 말라. 그것은 잘못을 두 번 저지르는 일이다(《논어》).

★ 화를 복으로 만들라(독일 격언).

성인들의 충고는 화를 참거나 내지 않는 것이 상책이라는 뜻이다. 문제는 말처럼 쉽지 않다는 것이다. 전문가들은 화가 나면 일단 그 자리를 피하는 것이 가장 좋다고 조언한다. 사람의 감정은 시간이 흐르면 제자리를 찾고 이성의 몫이 커지기 마련이다.

화가 나면 일단 상대방과 말로 풀어 보려는 노력이 필요하다. 화가 난 상황에서는 아무래도 조리 있게 말하기보다 감정적으로만 상대방을 대하기 쉽다. 그런 상황에서도 흥분하지 않고 상대에게 내 의사를 제대로 전달하는 방법이 있다.

화를 내는 형태를 크게 두 가지로 나눠 본다. 하나는 상승형이다. 일명 도레미파솔 패턴이다. 처음에는 조금 화를 내다가 점점 더 크게 화를 낸다. 결국 끝장을 보고 서로 무너지는 상태가 되고 만다. 또 다른 형태는 하향형이다. 상승형과 반대로 솔파미레도 패턴이다. 처음엔 욱하다가 점점 풀어지는 유형이다. 당연히 상승형보다는 하향형으로 화를 내는 것이 유익하다.

사람의 감정은 훈련에 의해 패턴화된다. 처음 욱할 때의 감정 크기를 솔 높이로 잡고 서서히 내려가는 훈련을 의식적으로 해야 한다. 그러다 보면 어느새 자신의 감정을 제어할 줄 아는 새로운 감정

패턴을 소유하게 된다.

화를 낼 때도 적당한 순서와 표현 방법이 있다. 화를 내는 순서를 인식하고 이 방법대로 지켜 나가면 감정을 조절하는 능력을 키워 나갈 수 있다.

첫째, 자신의 감정과 상태를 상대방에게 알린다. "나 지금 엄청 화가 났어!"라고 말하는 것이 좋다.

둘째, 화가 난 이유를 말한다. "내가 화가 난 이유는 ~ 때문이야"라고 말한다. 이때 화가 난 이유를 3인칭으로 객관적이게 본질을 말해야 한다.

셋째, 대답을 요구한다. 상대방에게 의견을 물어 자기 감정의 책임을 분산한다. "이 상황에서 내가 어떻게 하면 좋은지 당신의 생각을 말해 줘!"라는 식이다.

위 세 가지가 한 세트이다. 중간에 끝내지 말고 한 세트를 모두 사용해야 해결의 실마리를 찾을 수 있다. 이것이 안 되면 대부분 화가 났다는 표현을 말이 아닌 욕이나 표정, 행동으로 드러낸다. 화가 난 이유와 책임을 상대에게 돌리고 각오하라는 식으로 경고를 하는 경우가 가장 흔하다. 자신의 화를 더욱 키워 나가는 것이다. 화를 다스리는 3종 세트를 활용하면 화를 키우는 잘못된 패턴에서 탈출할 수 있다.

웃음에도 유형이 있다

　　사람들에게는 형상과 습성에 따라 표현되는 다양한 유형의 웃음이 있다. 웃음의 유형을 보면 한 사람의 내면의 성격과 외면의 이미지, 관계적인 측면에 대한 예측까지 파악된다. 자신의 웃음은 상황과 목적에 따라 어떻게 표현되는지, 어느 유형에 해당되는지를 알아보자.

　　한국인들의 웃음을 유형별로 나누면 크게 여섯 가지 형태로 구분된다.

　　첫째, 파안대소형이다. 입안이 다 보이도록 시원하고 호탕하게 웃는 웃음이다. 사극에 나오는 양반들의 환담에서 쉽게 보는 웃음이다. 쾌활함과 명랑함이 비치며 마음을 활짝 열어 놓은 웃음이다. 다만 의도적이거나 진실성이 희박한 느낌 등의 오해를 불러올 수도 있다.

둘째, 사교형 웃음이다. 정치가나 사업가들에게서 자주 보는 웃음이다. 속마음과 상관없이 상대방이나 주변 사람들에게 보여 주기 위한 목적이 깔려 있는 웃음이다. 얼핏 보면 파안대소형처럼 보이지만, 감정 표출의 정도에서 차이가 난다. 실수를 감추거나 대충 넘어 가려는 부정적인 면으로 평가받기도 한다.

셋째, 얌전형 웃음이다. 치아가 거의 가려진 채 입술로만 웃는 웃음이다. 조용하면서도 얌전한 느낌으로 보는 이의 마음을 감미롭게 한다. 자칫하면 내숭을 떤다는 느낌을 준다.

넷째, 천진형 웃음이다. 치아는 물론 목젖까지 보일 정도로 얼굴 전체를 쓰는 웃음이다. 소리도 크고 명랑한 거침없는 웃음이다. 거침없이 호탕한 웃음 속에서 천진함이 느껴진다. 상황에 따라 조심스럽지 못하다는 느낌을 줄 수도 있다.

다섯째, 부네탈형 웃음이다. 잔잔한 모습이 마치 부네탈의 절제된 아름다움과 부드러움이 배어 나오는 듯한 미소이다. 우아함과 기품이 깃들어 있는 웃음이다.

여섯째, 청순가련형 웃음이다. 보는 사람들로 하여금 동정심을 유발하거나 보호 본능을 일으키는 미묘한 웃음이다.

웃는 모양에 따라 감정 전달이 다양하게 나타난다. 웃음이 모두 호감과 따뜻함을 전달하는 것은 아니다. 웃는 모양에 따라 호감이 가거나 때로는 거부감을 연출하기도 한다. 웃음을 만들어 내는 근육의 움직임으로 다르게 나타난다. 얼굴 부위별로 어떤 모양으로 웃느냐에 따라 다르게 표현된다. 웃는 얼굴의 부위별 느낌으로 구분하면 크게 네 가지로 분류한다.

첫째, 눈이 따뜻하게 웃는 웃음이다. 보는 사람에게 다정함과 부드러움을 느끼게 하고 정겨움을 준다. 눈의 크기와는 전혀 상관없이 상대방의 정서에 비쳐지는 모습이다.

둘째, 눈빛이 강하거나 눈이 웃지 않는 웃음이다. 날카롭고 무서운 느낌을 준다. 눈빛이 날카로우면 경계심이 생긴다. 특히 첫인상에서 오해를 받기 쉬우니 훈련하여 고쳐 가는 것이 좋겠다.

셋째, 양쪽 입꼬리가 위로 올라가는 웃음이다. 야무진 인상으로 비쳐 당당하고 호감이 가는 웃음이다. 윗니가 여덟 개에서 열 개 정도 보이는 웃음이 가장 호감이 가는 웃음이라고 한다.

넷째, 입꼬리가 아래로 처지는 웃음이다. 비웃는다고 보이거나 부정적인 웃음으로 비칠 가능성이 있다. 속마음과 다르게 보여 오해가 생길 수 있다. 눈이 다정하게 웃고 입꼬리가 위로 향한 웃음이 모든 사람에게 호감을 주는 웃음이다.

웃음의 효과는 무엇인가?

대인 관계를 부드럽게 하는 방법 중 하나를 꼽는다면 웃음이다. '웃는 얼굴에 침 못 뱉는다', '웃으면 복이 온다'는 속담이 있다. 웃음은 사회생활에서 빼놓을 수 없는 매우 중요한 요소이다. 요즘에는 웃음이 성공과 행복의 키워드처럼 사용된다. 웃음 치료라는 말까지 나오는 시대에 과연 웃음의 효과는 무엇일까?

웃음의 효과에 대한 여러 가지 연구들이 쏟아져 나온다. 그중 가장 긍정적인 요소를 세 가지로 요약할 수 있다.

첫째, 웃음은 만병의 원인인 스트레스를 날려 버린다. 간단하게 스트레스를 물리치는 방법은 우선 웃는 것이다. 걱정이나 불쾌한 감정을 웃음으로 상쇄하는 방법이다.

자연스런 미소를 지으면 광대뼈 주위의 큰광대근과 눈 주위의 눈둘레근이 수축한다. 이 근육들을 조합하면 곧 뇌에 피드백이 된다고 한다. 뇌 안에서 표정에 상응하는 감정을 일으키는 프로그램이 작동해 미소가 일어나고 자연스럽게 즐거운 감정이 만들어진다. 표정이 뇌를 자극한다는 사실은 아주 놀랍다.

이와 관련된 실험이 재미있다. 어떤 사람에게 펜을 길게 물게 하였다. 자연스레 미간이 찌푸린 표정이 되었다. 다른 한 사람에게는 펜을 가로로 물게 하니 미소 띤 표정이 나왔다. 그 상태로 한 시간 수업을 하고 학습 성취율을 조사하자 재미있는 결과가 나왔다. 가로로 펜을 물고 미소 띤 얼굴로 수업을 들은 학생의 학습 성과가 더 좋게 나왔다. 미소 띤 표정이 연출되면 뇌까지 자극되어 즐거운 느낌을 가지고 학습에 임하게 된다. 좋은 학습 결과를 이끌어 내는 긍정적 반응을 불러일으킨 것이다. 미소가 얼마나 중요한지 실감케 하는 실험이었다.

결국 표정은 감정에 영향을 미친다. 스트레스는 혈관을 노화시킨다. 이를 예방하고 개선하기 위해 우선 웃고 보자는 주장은 설득력이 있다. 주변에 재미있는 일이 없다면 펜이나 젓가락을 앞니로 물어 억지로라도 미소를 짓고 크게 소리 내어 웃어 보자. 비슷한 효과를 얻을 것이다.

둘째, 웃음은 면역력을 강화시킨다. 웃으면 뇌 안의 모르핀이라고 일컬어지는 엔도르핀이 분비된다. 엔도르핀은 통증을 완화하는 역할을 하며 기분이 좋아지게 한다. '배꼽을 잡고 웃는다'고 할 정도로 크게 웃으면 우리 몸의 근육 650개 중 230여 개가 움직인다. 이런 움직임은 에어로빅 운동을 5분 동안 하는 효과와 맞먹는다. 웃음은 가히 놀라운 에너지이다. 폭소는 긴장을 이완해 주고, 혈압을 낮추며, 혈액 순환을 도와주고, 질병에 대한 저항력을 기르는 데 탁월한 효과가 있다.

크게 웃으면 횡격막이 위아래로 움직여 폐활량도 좋아지며, 혈중 산소도 2~3배 증가한다. 신체적 건강에 좋을 뿐 아니라, 뇌로 가는 산소 공급량이 증가해 정신도 맑아진다. 특히 웃음은 부교감 신경을 자극해서 심장을 천천히 뛰게 하며, 몸 상태를 편안하게 해주는 역할을 하기도 한다.

셋째, 웃음은 생산성을 높인다. 세계적으로 펀$_{fun}$ 경영이 유행이다. 웃음이 기업의 조직 문화 활성화에 도움을 주고 생산성을 높인다는 사례가 쏟아지고 있다. 미국의 심리학자 로버트 프로빈은 웃음이 많은 기업이 웃지 않는 기업에 비해 평균 40%에서 300%까지 생산성이 증대되었다고 발표한 바 있다.

웃음은 가치가 있는 요소이다. '행복해서 웃는 것이 아니라 웃어서 행복하다'라고 한다. '웃을 줄 모르는 사람은 상점을 열지 말라'는 중국 속담도 있고, '웃음은 좋은 피를 만든다'는 이탈리아 속담도 있다. 정말 중요한 것은 '웃음은 전염된다'는 사실이다.

그럼에도 나는 웃는다

웃기에도 좋은 방법이 있을까? 만약 있다면 잘못 웃는 방법도 있을 것이다. 잘 웃는 방법을 연구하면 성공을 위한 중요한 발판이 될 것이다. 나의 웃음에는 호감과 매력이 있는가? 웃음은 만병통치약이라고 한다. 약이 아무리 좋아도 오남용하거나 잘못 먹으면 탈이 나듯이 잘못 웃어서 문제가 발생하기도 한다.

먼저 웃는 이유가 분명해야 한다. 실제로 청소년 폭력의 원인 중에 째려보거나 비웃었다는 경우가 많다. 장례식장에서 오랜만에 만난 친구들이 반갑다고 깔깔대고 웃으면 되겠는가? 매 맞을 때 웃으면 오히려 더 맞는다.

웃음은 마음을 주고받는 통로이다. 전달할 마음이 있어야 하고 받을 마음이 있어야 한다. 그러니 웃는 이유가 분명해야 한다. 지금

옆자리에 있는 모르는 사람을 이유 없이 쳐다보며 웃는다면 어떤 반응이 나올지 뻔하다.

웃음이 좋다는 사실은 누구나 알지만, "웃을 일이 있어야 웃지"라고 말하는 사람들도 있다. 과연 웃을 일이 없어도 웃는 방법은 무엇일까? 도저히 웃을 수 없어도 웃는 조건이 '그럼에도 불구하고'이다. 고통 중에 있는 친구를 위로하러 갔는데 오히려 다정히 웃는다면 거꾸로 위로를 받고 감동하게 된다.

웃으면 건강과 복이 온다는 옛말은 우리의 삶 속에서 사실로 밝혀지고 있다. 문제는 살다 보면 웃을 일이 별로 없다는 것이다. 매일매일 전쟁터 같은 일상생활에 시달리다 보면 실없는 사람이 아니고서야 어떻게 웃느냐고 생각하기 쉽다. 하지만 전문가들은 자꾸 웃다 보면 좋은 습관으로 자리 잡는다고 한다. '그럼에도 불구하고' 웃는 연습을 해야만 한다고 의견을 모은다. 웃음은 상황에 의해 저절로 나타나기도 하지만, 훈련에 의해 좋은 웃음으로 길들여지기도 한다. 이 웃음은 다시 내면을 길들인다. 나쁜 상황에서도 억지로라도 웃어야 하는 이유이다.

웃음은 전염된다고 한다. 그러고 보면 누가 먼저 웃어야 하는지 웃는 순서가 있을 법하다. 윗사람이 먼저 웃으면 자연스럽게 분위기가 좋아지는데, 그렇지 않은 경우가 많아서 문제다. 그렇다고 아랫사람이 웃어른에게 무조건 웃으며 다가간다면 분위기도 모른다는 오해를 살 수도 있다. 긴장을 하라는 말은 아니다. 어른이 웃으면 같이 웃을 준비를 하는 것이 좋다.

다수에게 영향력을 가진 사람은 먼저 웃을 줄 알아야 한다. 상품을 팔아 이익을 만드는 것이 경영의 전부가 아니다. 사람을 행복하게 만드는 기술이기도 하다. 그래야 고객도 구성원도 행복해진다. 토대는 일단 웃는 얼굴에 있다. 모두가 환하게 짓는 웃음은 긍정과 활력이 넘치는 공동체를 만들어 낸다.

결과적으로 웃음은 성공하는 사람이 갖춰야 할 기본적인 자질이다. 사회적으로 성공하여 영향력이 있는 인물들은 거의가 보기 좋게 웃는 모습과 듣기 좋은 웃음소리를 가지고 있다. 성공을 하기 전에 이미 잘 웃는 사람들이었다. 성공했기에 웃기 시작한 것이 아니다. 웃는 얼굴을 가졌더니 성공을 빨리 이룬 것이다. 성공의 토대가 되는 최고의 전략이 웃음이다.

누군가를 원망하거나 화를 내면 나로부터 부정적인 파동이 상대방을 향해 흘러간다. 반대로 감사의 이미지를 떠올리면 긍정적인 파동이 순식간에 전달된다. 긍정적인 파동을 만들어 내는 확실한 수단이 바로 웃음이다.

유머도 **경쟁력**이다

　　유머는 연봉과 비례한다고 한다. 적절한 유머는 각박한 사회생활에서 긴장감을 낮춰 주고 적대감을 해소하여 서로의 마음을 열어 주는 훌륭한 역할을 한다. 소통이 원만하게 이루어지게 하고, 공동체의 분위기를 유쾌하게 만들어 준다. 유머는 사회생활에서 하나의 강력한 경쟁력이다.

　　한국의 미혼 여성들이 가장 선호하는 남성 1위는 어떤 사람일까? 유머 감각이 뛰어난 남자라고 한다. 그러면 남성이 가장 선호하는 여성 1위는 누구일까? 잘 웃어 주는 여자라고 한다. 1위끼리 만나서 가정을 꾸민다면 얼마나 행복할까? 행복한 그림이 절로 그려진다.

　　각박한 삶에서 유머는 기분 좋은 향기가 되어 준다. 유머를 잘 펼치려면 꼭 필요한 것이 있다. 무엇보다도 여유롭고 따사로운 마음의 공간이 넓어야 한다.

인생의 목적은 행복이다. 행복은 웃음을 동반한다. 웃음을 인위적으로 만들어 내는 대표적인 방법이 유머이다. 웃음과 유머의 본질을 알면 행복을 최고의 목적으로 살아가는 인간의 본질도 엿보게 된다.

유머는 농담이나 코믹, 위트와는 질적으로 다르게 정의된다. 유머를 제대로 알기 위해 몇 가지 해학적 용어들을 살펴보자. 흔히 말하는 코미디는 웃음을 재료로 하여 인간 사회의 문제점을 경쾌하고 흥미 있게 다룬 희극을 말한다. 개그는 연극, 영화, TV 프로그램 등에서 관객을 웃게 하기 위한 대사나 몸짓을 의미한다. 위트는 말이나 글을 즐겁고 재치 있고 능란하게 구사하는 능력으로 기지나 재치를 말한다. 결과적으로 유머는 코미디나 개그의 주재료가 되는 것이다.

우리가 혼동하여 사용하는 조크와 유머도 구분해 보자. 조크는 대상을 공격하려는 의도에서 나오는 우스운 표현이다. 조크는 말하는 사람과 옆에서 듣는 사람들은 같이 웃지만, 조크를 당하는 당사자의 얼굴이 붉어지는 고약한 성질을 가지고 있다. 반면 유머는 상대방과 서로 따스한 시선으로 바라보며 재미있게 표현하는 것이다.

유머의 정의를 새로 만들어 보았다. 유머란 말하는 사람이 즐겁고, 듣는 사람이 재미있고, 옆에 있는 사람들까지 유쾌한 가치가 있는 영향력이다. 아인슈타인은 '나의 가장 위대한 학교는 유머였다'

라고 했다. 유머를 잘 활용하려면 어떻게 해야 하는가?

우선 소재가 신선해야 한다. 같은 소재라도 감동은 여러 번 받지만 웃음에서 재탕은 실없고 싱거워진다. 언제나 새롭고 신선한 소재에 관심을 가져야 한다. 또한 모두가 공감할 수 있어야 한다. 유머가 누군가의 상처가 된다면 진정한 의미와는 거리가 먼 공격 무기로 변질된다. 결론에 긍정적인 반전이 있으면 더욱 좋다. 모두가 함께 즐겁게 웃을 수 있어야 한다.

자신의 감정과 사고를 자연스럽게 드러내는 표현이 발달한 상태를 유머 감각이라고 한다. 유머가 있는 사람이 되려면 유머 감각을 발달시켜야 한다.

어느 시대를 살든 진정 성공적인 삶을 사는 사람은 늘 얼굴이 밝고 상대방 중심의 따스한 언어를 사용한다. 열린 마음으로 상대방을 품어 주는 사람이다. 때로는 불편한 상황이거나 긴박한 상황이라도 절대 유머를 포기하지 않는다. 마음속에 유머 감각이 뿌리내린 사람이 진정한 유머를 주고받는다. 유머는 어떤 불리한 상황에서도 원하는 방향으로 상대를 끌고 가는 진정한 소통 능력이다.

상실감이란 무엇인가?

상실감이란 무엇인가를 잃어버린 후의 느낌이나 감정 상태이다. 상실은 개인의 인지 구조와 심리 정서에 강력하게 치명타를 입히는 요인이다. 최근 우리 사회는 국내외적인 여러 가지 사건들로 인해 상실의 충격을 동시 다발적으로 경험했다. 이런 시대에는 스스로 상실에 대한 의미를 정립하고 대응 체계를 마련해야 한다.

상실에는 여러 종류의 상실이 있다. 우리가 흔히 느끼는 상실의 종류는 다음과 같다.

첫째, 물질적 상실이다. 평생 모은 전세 자금을 택시에 두고 내렸다고 가정해 보자. 하늘이 캄캄해지는 상실감을 느낄 것이다. 물질적 상실은 크기에 따라 다르지만 심리적으로나 정신적으로 타격과 충격을 안겨 준다.

둘째, 관계적 상실이다. 이별이나 이혼, 사별 같은 아픈 상실도 있고 졸업이나 승진, 영전 등 소위 좋은 일로 인해 경험하는 상실도 있다. 원인이야 어떻든지 헤어짐에 의한 상실감은 아픔으로 다가온다.

셋째, 심리 내적 상실이다. 꿈의 좌절이나 실망감, 기대했던 이미지의 실추, 부부 갈등 등이 여기에 속한다. 다른 사람은 멀쩡한 상태라고 느끼지만, 자신은 힘이 빠지고 축 처진 슬럼프 상태에 빠진다.

넷째, 기능 상실이다. 예기치 못한 사고로 생긴 신체적 상실, 갑자기 나타나는 신체 기능의 상실, 몸의 아픔 등의 상실감은 중년층 이후에 나타나는 우울증의 원인이 되기도 한다.

다섯째, 역할 상실이다. 대기 발령, 퇴직, 은퇴 같은 사건들을 말한다. 직장인에게 역할 상실은 존재 자체의 흔들림이라고 할 만큼 혼란과 충격이 크게 다가온다.

여섯째, 체계 상실이다. 익숙하던 조직 체계의 상실이나 세대 간의 갈등이 여기에 속한다.

상실은 개인에서 공동체나 사회 집단으로 번질수록 파장과 충격이 증폭된다. 우리 사회의 여러 가지 현실은 상실의 시대를 넘어 충격의 시대로 표현될 정도로 개인적으로나 사회적으로 타격이 컸다.

상실은 개개인에게 어떠한 반응으로 나타날까? 상실을 경험하면 크게 세 가지 변화가 나타난다. 감정 변화, 신체 변화, 행동 변화이다.

초기 반응으로 일어나는 감정 변화는 단기 반응이다. 의심과 불만, 심리적인 충격과 마비, '멘붕' 등이다. 중장기 반응으로는 슬픔과 절망감, 분노와 좌절감, 불안과 공포, 초조감과 두려움 등이 수반된다.

신체 변화로는 가슴과 목이 답답하거나 심장 박동이 빨라지고, 입안이 바짝 마르거나 숨이 차고, 불면증이나 식욕 저하 등이 나타난다.

감정 변화와 신체 변화에 적절하게 대처하지 못하면 복합적으로 피로와 탈진, 죄책감과 수치심, 불신과 부정, 혼돈과 혼란으로 이어진다. 결국 강박적인 행동들이나 파괴적인 행동이 나타날 수도 있다. 스스로 대처하지 못할 정도의 상실감은 전문가의 도움을 받을 필요가 있다.

위로에는 어떤 **의미**가 담겨 있을까?

    우리 사회를 일컬어 위기의 시기라고 한다. 위기의 시기에 응원과 독려보다 중요한 것은 위로이다. 주변 사람들로부터 위로를 받으면 새로운 충전과 동기 부여가 되고 업무 성과도 향상되는 효과가 나타난다.

    위로의 의미는 무엇일까? 흔히 직장인들에게 위로는 월급 외에 업적이나 공헌도에 따라 지급되는 상여금이라 생각하기 쉽다. 위로는 상여금이나 격려와 응원 같은 파이팅의 개념과는 다르다. 그렇다고 현실에 당면한 문제를 해결해 준다는 뜻도 아니다.

    위로는 따뜻한 말이나 행동으로 괴로움을 덜어 주거나 슬픔을 달래 주는 역할을 의미한다. 위로가 없는 격려와 응원은 배고픈데 밥은 주지 않고 힘만 내라고 독려하는 것과 같다. 기대하고 응원했던 국가 대표 선수가 부담감의 무게를 이기지 못하고 예선에서 탈

락하는 경우가 여기에 해당된다. 정작 위로가 필요한데 응원의 함성만 높이면 곤란하다.

위로가 지니는 어원을 보자. 위로는 영어로 comfort라고 하는데, com은 '함께'라는 의미가 있고, fort는 안전한 장소인 '요새'라는 의미가 있다. 즉 위로란 '함께 안전하게 있어 준다'는 의미를 내포한다. "힘내고 일어서라!"는 아버지의 독려보다 "많이 힘들었지?"라는 어머니의 따뜻한 위로가 더욱 빨리 기운을 차리도록 작용하는 것과 같다. 위로란 다가오는 미래를 위한 응원이 아니다. 힘들었던 지금까지의 노고를 어머니와 같은 따뜻한 마음으로 함께 공감하고 곁에 있어 준다는 의미이다. 기쁠 때는 함께 환호하는 것이 위로이고, 슬플 때는 토닥토닥 함께 눈물을 흘리는 것이 위로이다.

사실 위로보다는 질책이 많은 것이 현실이다. 그래도 정작 위로해 주는 사람이 없다면 어떻게 기운을 차릴 수 있겠는가? 위로는 윗사람으로부터 내려오는 것만이 아니고, 남에게 받는 것만도 아니다. 이제는 스스로 자신을 위로할 수 있는 근력을 강화시킬 필요성이 커졌다. 자신을 위로하는 정서적 안정감을 가진 사람들이 심신이 건강하고 대인 관계도 원만하다.

나는 스스로 **위로**한다

　　정작 위로가 필요할 때 인색하거나 도리어 핀잔을 주는 사람들이 많다. 가슴 아픈 현실이다. 몸이 아프면 쉬면서 치료하라면서 마음이 아프면 무조건 털고 일어나라고 한다. 위로가 필요할 때 진정 어린 위로를 받을 방법은 무엇일까?

　　'위로는 같은 나라 사람끼리 해야 한다'는 서양 속담이 있다. 형편과 처지를 잘 아는 사람에게서 더 큰 위로를 받는다는 뜻이다. 세상에서 내 형편과 처지를 가장 잘 아는 사람은 누구일까? 그 누구도 아닌 자신이다. 셀프 위로가 절실한 이유이다. 셀프 위로는 네 가지 단계를 거친다.

　　1단계는 수용 단계이다. 자신의 어려움이나 아픔과 관련된 실존 상황을 부정하지 않으면서 있는 그대로 인정해야 한다. 그렇지 않은 척할수록 마음의 상처가 깊어진다.

2단계는 애도 단계이다. 힘겨움, 외로움, 슬픔, 고통 등 이미 당면한 상황을 씻어 내기 위한 눈물이 필요한 단계이다. 눈물을 참는다고 문제가 해결되거나 강해지지는 않는다. '눈물이 고인 눈으로 세상을 바라보라. 마른 눈으로 보지 못했던 것들을 보게 될 것이다'라는 명언이 있다. 힘들 때는 애도의 눈물이 효과적인 치료제가 된다.

3단계는 휴식 단계이다. 몸과 마음과 생각에 휴식이 필요한 단계이다. 소위 멍 때리기처럼 아무 생각 없이 있는 것도 치유 효과를 본다.

4단계는 부축 단계이다. 지게 한 짐 가득 지고 간신히 일어나려면 작대기가 필요하다. 재충전과 동기 부여를 위한 격려와 응원의 작대기가 요구되는 단계이다. 자신에게 손 내밀기와 자신을 부축하기 등의 셀프 헬프self-help 단계는 자신을 돕는다는 의미가 있다.

셀프 위로의 구체적인 방법은 무엇인가? 셀프 위로에는 네 가지 방법이 있다.

첫째, 생각하기이다. '내가 하는 짓이 뻔하지' 같은 부정적인 생각보다는 '나는 존재하는 것만으로 가치가 있어!'라는 긍정적인 생각이 중요하다.

둘째, 마음먹기이다. 사람들이 어떻게 평가할까 불안해하거나 겁먹지 말고 '괜찮아', '여기까지 잘해 온 거야'라고 마음에 편안한 솜방석을 깔아 준다.

셋째, 말 건네기이다. 누군가에게서 듣고 싶었던 말을 자신에게 건넨다. '많이 힘들었지?', '미안해', '잘 견뎌 줘서 고마워', '잘될 거야', '사랑해' 등의 표현을 직접 자신에게 해준다. 일종의 자기 충족적 예언이다.

넷째, 선물 주기이다. 말로만 위로해서는 약할 수 있다. 갖고 싶었던 것, 먹고 싶었던 것 등의 보상이 필요하다. 이때 시간이나 돈을 아끼지 말아야 한다. 먼 거리를 달려야 하는 자동차에 연료를 넣는데 절약한다고 조금만 넣어서는 금방 멈추고 마는 것과 같은 이치이다. 힘들고 지친 상황에서 재충전하는 단계인 만큼 새 출발을 위한 연료를 가득 채울 필요가 있다.

변명과 **핑계**는
도움이 안 된다

　　　　잘못이나 실수를 저지르고 나면 맨 처음 무슨 생각이 들까? 어떤 잘못이나 실수에 변명과 핑계를 대는 모습을 종종 본다. 누구의 잘잘못을 가리기보다 잘못으로 인한 피해를 최소화하는 것이 중요하다. 피해를 최소화할 골든 타임을 놓치면 나중에 책임도 커지는 법이다. 자신이 잘못했다면 그 원인과 대책은 누구보다도 자신이 잘 알고 있다. 따라서 먼저 문제를 해결하고 본다는 강한 의지가 있어야 한다.

　변명과 핑계는 얼핏 비슷한 느낌이지만 전혀 다른 의미이다. 변명은 잘못이나 실수에 구실을 대며 옳고 그름을 가리는 것이다. 핑계는 내키지 않는 사태를 피하거나 사실을 감추려고 방패막이를 내세우거나 이리저리 돌려 대는 구차한 말을 의미한다.

　변명은 사실에 기반을 둔 표현이라면, 핑계는 거짓에 기반을 둔 표현이다. 자신의 잘못이나 실수를 인정하지 않는다는 면에서는 변명이나 핑계가 똑같은 뉘앙스로 비친다. 이미 잘못이나 실수가 발생되었다는 점은 기정사실이다.

잘못한 상황이 이미 발생했는데도 자신은 빠지겠다는 시도가 변명이다. 잘못된 상황과 이유가 분명히 존재하는데도 책임을 안 지겠다는 시도가 핑계이다. 그렇다면 자신의 잘못이나 실수를 변명하지 않고 대처하는 방법은 무엇일까?

첫째, 변명보다는 설명을 해야 한다. 잘잘못의 소재나 크기를 따지기보다 우선 잘못으로 인해 발생한 문제의 해결에 필요한 조치가 먼저다. 어떻게 이런 상황이 발생했는지 자초지종을 명확하게 설명해서 위험이나 손해로부터 신속하게 벗어나도록 대책을 강구하는 것이 급선무이다.

둘째, 정중히 사과해야 한다. 자신의 잘못은 정중하게 사과하는 것이 당연하다. 사과하면 자신의 잘못을 모두 인정하는 꼴이 된다고 버티다가는 기회마저 놓친다. 변명이나 핑계를 대는 심리는 자신의 잘못이나 실수를 인정하지 않고 사과도 하지 않으려는 의도이다.

사과를 한다면 자연스럽게 "정말 죄송합니다!"라는 표현이 나와야 한다. 변명하는 사람의 입에서는 "죄송하다" 대신 "그러니까~", "왜냐하면~", "그게 아니라~" 같은 표현이 주로 나온다. 인정과 사과보다 변명에 함몰되면 끝까지 '극구 변명'만 한다. '변명은 뒤집어 놓은 이기심이다'라고 할 정도이다.

셋째, 핑계보다는 상계ﷺ를 해야 한다. 상계는 이모저모 꼼꼼하게 따져서 세운 자세한 계획이다. 자신의 실수로 인한 위험을 방어하고 잘못을 완화하는 계획이다. '핑계는 이유라는 껍질 속에 꽉 채워진 거짓말이다'라고 한다. 상황을 수습하고 잘못에 대한 책임을 최소화하기 위해서라도 핑계 대신 상계를 세워야 한다.

중요한 사건으로 뉴스에 오르내리는 사람들을 보고 인상을 찌푸리는 이유가 있다. 하나같이 책임을 지지 않으려고 하는 행실 때문이다. 인간은 완전할 수 없다. 누구나 잘못이나 실수를 저지른다. 그때마다 변명이나 핑계를 대기보다는 문제에 제대로 대처하려는 노력이 필요하다.

머피와 샐리의 법칙을
아시나요?

아침에 세차하고 출근하는데 예고도 없이 비가 오거나, 빠른 길로 들어섰는데 하필이면 그날따라 공사 중이라면 기분이 어떤가? 머피의 법칙Murphy's law은 기대와 다른 방향으로 예상하지 못한 일이 일어나는 현상이다. 반대로 나쁜 일이 오히려 전화위복이 되고 유리한 일들이 계속되는 현상을 샐리의 법칙Sally's law이라고 한다.

일상에서 주로 경험하는 두 가지 법칙 중 어떤 법칙을 주로 선택하고 적용하는지 점검해 보자. 어떤 사건이 발생하면 본질보다 자신의 감정과 경험으로 상황을 해석하는 경향이 있다. 그때 부정적인 머피의 법칙을 적용하느냐, 긍정적인 샐리의 법칙을 적용하느냐를 스스로 결정한다. 물론 이면에는 심리적인 이유가 숨어 있다.

'남의 떡이 커 보인다'는 속담이 있다. '옆집의 잔디밭이 넓게 보인다'는 서양 속담도 있다. 일종의 열등감과 피해 의식으로 나타나는 비교 심리이다. 세모와 네모를 비교할 수 없듯이 말과 소를 비교할 수도 없다. 말은 달리기를 잘하고, 소는 수레 끌기를 잘한다. 소가 자신이 잘하는 것을 제대로 알지 못하고 달리는 말만 부러워한다면 불행해진다.

철학자 데카르트는 '비교만큼 자신의 행복을 해치는 것은 없다'고 했다. '비교는 친구를 적으로 만든다'는 격언도 있다. 타인과 비교하여 자신의 상태를 평가하는 것은 객관적이지 못하다. 자기중심적이거나 아전인수 격인 평가가 되기 쉽다. 마치 우산 장수 큰아들과 짚신 장수 작은아들을 걱정하는 어머니의 심리 상태와 같다. 어떤 일을 긍정적으로 바라볼지, 부정적으로 바라볼지는 5:5의 확률에 놓여 있다.

어떤 상황에 머피의 법칙과 샐리의 법칙 모두를 적용하는 수도 있다. 세차하고 출근하는데 비가 온다면 하자. 이때 가물어 메말랐던 농작물이 소생하겠다는 생각을 하면 감사하게 된다. 방금 바꾼 차선이 오히려 잘 빠지는 이유는 교차 통행 때문이라고 생각하면 억울할 바가 없다. 특수 상대성 이론처럼 모든 현상은 관찰자에 따라 다르게 해석되는 것과 같은 원리이다.

'모두에게 나쁜 일이나 모두에게 좋은 일은 없다'는 전제하에 내게 닥친 현상을 머피의 법칙으로 해석할지, 샐리의 법칙으로 해석할지는 자신에게 달려 있다. 자신의 가치를 결정하는 동시에 그날의 생산성을 결정하게 되고, 나아가서는 자신의 삶이 결정된다.

자신에게 생긴 일을 매사에 운세 탓으로 돌리거나, 확대 해석하여 징크스로 고정할 필요가 없다. '모든 일은 마음먹기에 달려 있다'는 교훈처럼 이왕이면 모든 상황을 샐리의 법칙으로 해석하여 기분 좋게 살아가기를 바란다.

나의 **욕구**는
어느 **수준**인가?

       욕구는 행동을 결정하고, 행동은 누군가를 평가하는 가치 수준이다. 다른 사람들에게 호감을 보이려면 근본적으로 자신의 욕구 수준을 이해해야 한다. 현대인의 욕구와 행동에 대해서 알아보자.

    자신의 욕구를 간단하게 테스트하는 방법이 있을까? 아주 간단하다. 다음 중 오늘 출근하는 이유를 한 가지만 선택한다면 무엇인가?

- ★ 먹고살기 위해서
- ★ 안 나가면 잘릴까 봐
- ★ 사람들과 어울리는 것이 좋아서
- ★ 능력을 인정받기 위해서
- ★ 나 자신이 성장할 수 있어서

매슬로의 5단계 욕구 이론에 위의 이유를 적용하면 쉽게 이해하게 된다.

'먹고살기 위해서'는 생리적 욕구에 해당한다. 생리적인 욕구는 인간의 근본적이고 기초적인 욕구이다. 이 욕구가 해결되지 않는 한 다음 단계의 욕구는 발생하지 않는다. '금강산도 식후경이다'란 말에 충실할 필요가 있다.

'안 나가면 잘릴까 봐'는 안정의 욕구로 인한 불안감에 해당한다. 먹고살 만하면 생리적인 욕구에서 벗어나 다음 단계인 안정과 안전의 욕구를 추구한다. 이 단계에서는 자기 체면을 돌아보고 생활의 여유도 생긴다.

위의 하위 두 단계를 결핍 동기 단계라고 한다. 부족하면 부족할수록 강력한 욕구가 발생하지만, 일시적으로나 상대적으로 부족감을 채우고 나면 당분간 생겨나지 않는 욕구이다.

'사람들과 어울리는 것이 좋아서'는 사회적인 욕구가 강하게 이끄는 경우이다. 어릴 적 동창을 찾거나 남들과 어울리기를 좋아한다. 남들과 어울리다 보면 자연스럽게 유행을 추구하기도 한다.

'능력을 인정받기 위해서'는 자존의 욕구에 해당한다. 여러 사람들에게 인정받거나 자신이 우월해지고픈 욕구가 생겨난다. 어떤 사람들은 오로지 그 목적으로 수백만 원씩 기부하며 초등학교 동창회장이 되려고 열심히 선거 운동을 하기도 한다.

'나 자신이 성장할 수 있어서'는 자아실현의 욕구가 강한 경우이다. 다른 어떤 욕구 단계보다 성취감과 보람이 큰 단계이다.

상위 세 개의 단계를 성장 동기 단계라고 한다. 채우면 일시적으로 욕구가 멈추는 생리적인 단계나 안정의 단계와는 다르다. 채우면 채울수록 더 큰 욕구가 계속해서 발생한다.

상황과 여건에 따른 욕구 수준이 어디에 있느냐도 중요하지만, 나에게 내재되어 있는 욕구를 어떻게 관리하느냐가 더욱 중요하다. 그에 따라 나의 가치와 수준이 달라질 수밖에 없다. 욕구 관리를 통해 나의 가치를 올리는 방법은 무엇일까?

사실 인간의 욕구에 객관성이 없다는 것이 희망이다. 지극히 주관적이다. 컵라면을 먹으면서 행복해하는 사람이 있는가 하면, 갈비가 맛이 없다고 불평하는 사람도 있다. 꽃등심 안주를 놓고 싸우는 사람들보다 라면 국물에도 즐거워하는 사람들이 행복하다는 것이다.

결론적으로 욕구란 자신이 생각하고 느끼는 주관적인 수준이다. 생각만 바꿔도 욕구 관리가 가능해진다. 아무리 생각해도 나는 무가치하고 행복한 구석이 하나도 없어서 불행한가? 그럼 공동묘지에 한번 가 보라. 살아 있음 자체가 진정한 행복임을 알게 될 것이다.

그래도 **틈새**는 있다

사람이 살다 보면 눈앞이 캄캄할 때가 한두 번이 아니다. 이제 더 이상은 도저히 안 되겠다는 생각이 들면 마지막 순간 틈새가 보인다. 틈새를 찾지 못하면 희망을 잃고 결국 모든 것을 포기하고 만다. 도저히 안 되어 포기하고 싶어도 기사회생할 수 있는 실마리, 그 틈새는 어떻게 찾을까?

우리 사회에 자살자가 늘어나는 이유도 틈새를 찾지 못하고 비관에 빠져 헤어 나오지 못해서이다. 틈새를 찾아내면 위기도 기회가 된다. 밝을 때는 안 보여도 어두워지면 보이는 것이 있다. 반딧불이다. 밤하늘의 별은 깜깜할수록 잘 보인다.

언젠가 건축하는 분들에게 들은 이야기다. 새 건물에 입주시키고 나서 가장 난감한 일은 천장에서 물이 새는 누수라고 한다. 아침에 한 방울, 저녁에 한 방울씩 떨어지는 상황이 더욱 힘들다고 한다. 차라리 물이 콸콸 쏟아지면 원인을 찾아서 한 번에 고칠 수가 있다. 한 방울씩 한 방울씩 떨어지면 도대체 어디서 흘러나오는지 찾을 길이 없다고 한다. 더구나 찾기 힘든 틈새가 건물에 큰 위험이 된다고 한다. 이것이 틈새의 위력이다.

틈새는 찾기가 어렵지만, 찾기만 하면 자동적으로 반전이 따라 나온다. 틈새가 바늘이라면 반전은 실과 같다. 인생살이가 그러하다. 삶의 반영인 연속극을 떠올려 보라. 주인공이 위기에 몰렸다가 틈새를 찾아내면 놀랄 만한 반전이 드러나지 않는가?

반전 후에 더 열심히 하면 기적이 찾아온다. 요즘 아이들 말로 대박이다. 결국 기적과 대박은 평상시에는 없는 것이다. 꼭 궁지에 몰려 '아! 이젠 죽는구나!' 하는 순간 틈새를 찾게 된다. 틈새를 찾으면 반전이 생기고, 반전이 생기면 마지막에 기적이 나타난다. 기적의 씨앗이 바로 틈새이다.

정부에서는 자살 예방 프로그램을 확장하고 있다. 매우 중요하다. 힘들고 어렵다고 모두 죽는다면 우리 민족은 이미 지구상에서 사라졌을 것이다. 외세 침략만 천여 번 당한 민족이다. 인내와 극복은 그렇게 길러 낸 조상의 빛난 얼이다. 전 세계에서 틈새 찾기에 가장 능한 민족이 우리다.

틈새를 찾아 새 삶을 사는 자들은 얼마든지 있다. 언젠가 사업에 실패하고 우울증에 빠져 있다가 자살하겠다던 제자에게 어렵게 전화한 적이 있다. 아무리 힘든 상황이라도 반드시 틈새가 있다며 같이 찾아보자고 했다. 제자는 천 길 낭떠러지 끝인데 무슨 틈새가 있느냐고 소리를 질러 댔다. 악쓰는 소리를 조용히 듣다가 한마디 했다. 앞만 보지 말고 뒤로 돌아서면 틈새가 있다고. 눈앞에 보이는 것은 분명 천 길 낭떠러지이지만, 그대로 돌아서면 안전하게 뛰어다닐 푸른 초원이 펼쳐져 있다고 설명했다. 그 후 제자는 자살 예방 운동의 선봉에서 죽겠다는 사람들을 설득해 다시 새로운 삶을 찾도록 돕고 있다. 지금은 박사 과정까지 마치고 대학 교수로 활발하게 후학을 양성하고 있다.

사람들은 가던 방향으로 목표만 맞추고 달려간다. 옆에도 뒤에도 방향이 있음을 잊고 산다. 우리에게는 사방이 있다. 지금 도저히 견디기 힘든 문제 앞에 있다면 한번 멈추어 서서 한 바퀴를 돌아보라. 반드시 틈새가 보일 것이다. 틈새를 타고 흘러나오는 밝고 영롱한 빛줄기가 보일 것이다. 틈새는 편하고 넓은 곳에 있지 않다. 꽉 막혀 희망이 보이지 않을 때 비로소 틈새가 나타난다.

행복한 삶을 위한
세 가지 조건

            누구나 행복을 추구하며 살아가지만, 안타깝게도 모든 사람들이 행복하지는 않다. 누가 행복할 수 있는가? 행복이 무엇인지 알아야 행복하고, 행복한 삶이 되기 위한 조건과 맞아야 행복하다. 행복하기 위한 세 가지 조건은 무엇일까?

  '행복하고 싶으면 행복한 사람과 친구가 되라'는 말이 있다. 내가 행복하면 친구가 행복할 가능성이 15%이고, 친구의 친구가 행복할 가능성은 7%라고 한다. 행복한 사람은 행복한 사람과 연결되고, 불행한 사람은 불행한 사람과 연결된다는 보고도 있다. 어느 정도 일리가 있다. 하지만 행복의 원인을 외부에 의존하려는 의도가 짙다.

  여기서 제시하는 행복의 본질은 원인과 조건을 외부에서 찾지 않는다. 자신의 내면부터 살피자는 것이다.

행복한 삶을 위한 첫 번째 조건은 설렘이다. 생각만 하면 가슴이 설레는 무엇이 있는가? 기업체 교육장이나 취업을 앞둔 학생들에게 가슴이 설레는 일이 무엇이냐고 물으면 즉답을 못 한다. 아직도 꿈과 비전, 삶의 목적이 분명하지 않다는 증거이다.

가슴 설레는 무언가가 한 사람의 미래를 결정한다. 예쁜 여자에 설레는 남자는 예쁜 여자만 찾다가 인생이 흘러간다. 명품 백을 찾는 여자는 돈의 노예가 될 위험이 따른다. 직장인이라면 자신의 일에 설렘이 있어야 하고, 학생이라면 자신의 미래에 설렘이 있어야 한다.

행복한 삶을 위한 두 번째 조건은 평생 잊을 수 없는 날이 있느냐이다. 평생 잊을 수 없는 그날이 자신을 바꾼 터닝 포인트가 된다. 평생 잊을 수 없는 날이 있냐고 물어보면 자주 나오는 대답이 있다. 첫사랑과 헤어진 날, 군대 간 날이라고 대답한다. 차라리 새로운 사랑을 만난 날이라든지, 전역한 날이라면 부푼 꿈과 희망을 품은 날이 될 것이다. 거의가 우울한 과거만 품고 있어 안타까웠다. 아무리 생각해도 평생 잊을 수 없는 날이 없다면 오늘을 그날로 만들면 된다. 억지로 사고를 치라는 말이 아니다. 평생 기억되는 부푼 꿈을 품는 날로 만들라는 것이다.

행복한 삶을 위한 세 번째 조건은 '절간'이 있느냐이다. '절'은 절박함을 말하고, '간'은 간절함을 말한다. 어느 분야든 성공한 사람들의 스토리에는 절박하고 간절했던 경험이 묻어 나온다. 토양이 너무 좋으면 잎만 무성하고 열매가 잘 안 열린다고 한다. 소나무도 가물고 메마른 해에 솔방울을 더 많이 연다고 한다. 말라 죽을지도 모르니 생명의 씨앗을 신속하게 퍼뜨리기 위한 '절간'이 작용한 것이다.

어떤 결혼 상담 전문가가 귀띔을 해줬다. 부족함이 없으면 남자든 여자든 결혼을 하지 않는다고 한다. 의학적으로도 배고픔을 느껴야 생명력이 강화되어 오래 산다고 한다. 무엇이든 절박하면 어떻게든 해내려는 간절함이 생기는 법이다.

간절함은 종종 자신의 능력을 초월하는 문제 해결을 불러온다. 자신의 능력으로 할 수 없었던 일이 시원하게 해결된다. 행복한 삶을 얻으려면 자격보다 자세가 더 중요하다.

행복의 **시동**을 거는 **키**

　누구나 행복해지기 위해서 산다고 말
한다. 입으로는 쉽게 행복이 인생의 목적이라고 한다. 정작 행복을
깊이 연구한다거나 방법을 찾는 사람은 별로 없다. 어떻게 해야 진
정한 행복을 만끽하며 살 수 있을까? 행복의 시동을 거는 키는 무
엇일까?

　행복이 인생의 목적일 정도로 귀하고 소중하다면 결코 그냥 오
지는 않는다고 생각하는 것이 맞다. 공기처럼 가만히 있어도 다가
와 있는 조건이 아니다. 행복은 막연히 기다린다고 다가오지 않는
다. 어떠한 대가든 치러야 얻을 수 있다.

　귀향길이 막혀도 해마다 명절이면 민족 대이동이 일어나는 이유
는 무엇인가? 가족을 만나는 행복을 기대하기 때문이다. 가족을 만
나는 것이 행복이라면 길이 막혀도 내려가는 수고는 대가이다. 즉,

행복은 주어지지 않고 획득하거나 이루어 가는 것이 분명하다.

'신은 문제라는 포장지에 싸서 복을 주신다'고 한다. 내 앞에 아무 문제가 없다면 받을 복이 없다는 의미이다. 내가 큰 문제 앞에 놓여 있다면 받을 복이 크다는 기대를 해봄 직하다. 문제만 바라본다면 문제에 매여 점점 더 크게 보이는 법이다. 시원스레 다가올 해답을 바라본다면 더 이상 문제가 아니라 다가올 복이다.

인간의 행복을 방해하는 걸림돌이 몇 가지 있다.

첫째가 고정 관념이다. 행복은 멀리 있다는 고정 관념을 깨야 한다. 예전 교사들에게는 고정 관념 3마가 있었다. '딴생각하지 마', '졸지 마', '떠들지 마'이다. 아이들이 집중하지 못하게 하는 장본인이 교사임은 말할 것도 없다. 교사 한 사람이 바뀌면 되는데 아이들이 문제라고 말한다. 우리가 사는 세상은 위계와 질서, 고정된 관념의 틀로 인해 행복을 스스로 놓치곤 했다. 그릇은 한번 깨지면 못 쓰게 되지만, 고정 관념은 깨면 깰수록 발전한다.

행복을 방해하는 두 번째 걸림돌은 잘못된 목표이다. 목표는 비전이다. 삶의 방향과 질을 바꿔 준다. 목표 없이 열심히 달리면 달릴수록 손해다. 노력이나 속도보다 방향이 중요하다. 고드름 주렁주렁 열린 처마 밑에서 할아버지 돋보기로 종이에 불을 붙인 적이 있다. 겨울날 흐린 햇빛이라도 하나로 모으면 불이 붙는다. 명확한 목표에 집중하면 반드시 성공하여 행복을 누린다.

행운의 네 잎 클로버를 찾기 위해 행복이라는 세 잎 클로버를 밟으면 곤란하다. 사람마다 행복의 기준은 다르겠지만, 행복한 사람에게는 반드시 공통점이 있다. 행복한 사람에게는 긍정적이고 감사할 줄 아는 마음이 있다.

윌리엄 제임스는 '행복하기에 노래를 부르는 것이 아니라, 노래를 부르기에 행복해진다'고 했다. 어떠한 상황에서도 마음에 행복을 담는 연습을 해야 한다. 행복한 사람은 바라보는 시각이 다르다. 행복한 사람은 상대방의 좋은 점을 바라보고 함께 행복해한다. 불행한 사람은 언제나 상대의 부정적인 면을 바라본다. 행복의 시동을 거느냐, 불행의 시동을 거느냐? 키는 나의 손에 들려 있다.

일단은 첫인상

초판 1쇄 인쇄 2017년 6월 7일
초판 1쇄 발행 2017년 6월 14일

지은이 김경호

펴낸이 박세현
펴낸곳 팬덤북스

기획위원 김정대 · 김종선 · 김옥림
편집 김종훈 · 이선희
디자인 심지유
영업 전창열

주소 (우)03966 서울시 마포구 성산로 144 교홍빌딩 305호
전화 070-8821-4312 | **팩스** 02-6008-4318
이메일 fandombooks@naver.com
블로그 http://blog.naver.com/fandombooks

등록번호 제25100-2010-154호

ISBN 979-11-6169-002-5 03320

The End.